¡Xochitica oo tontlatlacuilohua,
in Ipalnemohuani!
(¡Con flores escribes,
Creador de la Vida!)

Nezahualcóyotl*

Vean que es justo que engrandezcamos
a nuestro dios y le edifiquemos su templo.

Moctezuma Ilhuicamina**

---

* *Poemas náhuatl.* Varios autores. Traducción de Ángel María Garibay. Linkgua digital. Barcelona, 2017.

** Durán, Diego. *Historia de las Indias de Nueva España e Islas de Tierra Firme.* México, Editorial Nacional México, 1951.

Para Juan Pablo y para Jesús,
nocozcahuan noquetzalhuan.

Para don Armando Fuentes Aguirre «Catón»
y su bellísima esposa, doña María de la Luz,
por las razones que el corazón conoce.

Prólogo

Por Armando Fuentes Aguirre, «Catón»

En la Virgen de Guadalupe reside una de las más hondas raíces de nuestra nacionalidad. Sólo en ella encarnó de manera cabal eso que se ha llamado «encuentro de dos mundos». Ni india ni española es la Guadalupana, sino mestiza, como nosotros somos. A Juan Diego la Virgen le habló en idioma mexicano, pero los que recién habían llegado también entendieron sus palabras, y ahora la Virgen de Guadalupe es uno de los más claros símbolos de México, fusión de dos culturas.

Quizá originalmente no se llamó Guadalupe. No podía llamarse así, pues dijo su nombre en lengua mexicana, que carece de los fonemas «g» y «d». Su nombre original, indígena, pudo haber sido «Tequatlanopeuh», «la que salió de la cumbre con peñas», o «Tequantlaxopeuh», «la que apartó a quienes nos devoraban». Hay semejanza de ambas palabras con el sonido «de Guadalupe». Los españoles, a quienes la pronunciación del náhuatl les resultaba difícil, adaptaban las voces indígenas al modo castellano. Así, de Cuauhnáhuac hicieron Cuernavaca; de Quauhaxallan, Guadalajara. Bernal Díaz del Castillo escribió «Orizaba» para nombrar a la ciudad que los indígenas llamaban Ahahuilizapan.

En esa misma forma los españoles dieron a la aparición el nombre de la Virgen que en España veneraba Hernán Cortés. Alguna vez el conquistador sufrió la picadura de un alacrán y se vio cerca de la muerte por los efectos que le causó el veneno. Invocó a la Virgen de Guadalupe —la española—, y cuando volvió a España le regaló en Cáceres un espléndido alacrán magníficamente labrado en oro por manos de orífices indígenas. «[...]Vino (Cortés) a esta santa casa año de 1528 —reza una acta que se halla en ese templo— y truxo este escorpión de oro, y el que le había mordido dentro».

Tan grande llegó a ser la devoción por la Guadalupana que ante ella hubo de retroceder el anticlericalismo de los liberales «rojos» en tiempos de Juárez. Relata don Ignacio Manuel Altamirano que en 1861 se nacionalizaron y adjudicaron las alhajas de los templos en la Ciudad de México. El 4 de marzo se sacaron «por orden del Gobierno» las de la iglesia de Guadalupe, incluido el marco de oro de la venerada pintura de la Virgen. Dos días después todo fue devuelto por orden del mismo Gobierno, preocupado por la enorme irritación popular que provocó el despojo.

Aunque parezca increíble existieron masones guadalupanos. Hubo una logia del rito yorkino que se llamó «India Azteca». Tal era el nombre simbólico que en la fraternidad se daba a la Virgen del Tepeyac.

El día que Carlota vio la pintura de la Morenita dijo a Maximiliano: «¡Qué linda imagen! Me ha conmovido profundamente». Y todos entendieron lo que había dicho, porque lo dijo en español.

Hay una hermosa copla anónima para cantarse con música de huapango:

Las morenas me gustan
desde que supe
que es morena la Virgen
de Guadalupe.

He ahí, sintetizada en cuatro versos, la honda devoción que al pueblo mexicano inspira la Guadalupana.

Cuando por primera vez leí el libro que escribió Carlos Eduardo Díaz —varias veces lo he leído ya— tuve un deslumbramiento. Es una obra escrita con las razones que da la fe y con fe en las verdades que la razón da. En el libro hay al mismo tiempo belleza de forma y sustancia de fondo. Creyente, el autor nos entrega los frutos de una rigurosa investigación hecha a lo largo de veinte años. Su texto nos lleva a ahondar en lo que fue el mundo indígena antes de la llegada de los españoles, y en lo que nuestros antepasados aborígenes vieron en la imagen de la Guadalupana.

Yo soy mariano, y Mariano me habría gustado ser, como mi padre. Soy mariano porque amo con devoción a María, madre de gracia y madre de misericordia, esclava que se hizo reina, reina que se hizo esclava. No soy digno, lo sé, ni de decir su nombre, pero lo digo con el atrevimiento del enamorado, igual que el saltimbanqui que hizo piruetas ante la imagen de Nuestra Señora porque no conocía otro rezo que el de sus volatines.

En mi pequeña y parda teología personal, la Virgen es la dimensión femenina de la divinidad. El Dios en que yo creo es amoroso, porque es fruto materno de mujer, de una mujer virgen y al mismo tiempo madre. Mejor que cualquier mariología lo explica la sabiduría popular:

Óigame usted, Santos Flores,
que le voy a preguntar:
¿cómo, pariendo la Virgen,
doncella pudo quedar?

Escuche, doctor Mateo,
que le voy a contestar.
Tire una piedra en el agua.

Se abre, y vuelve a cerrar.
Así, pariendo la Virgen,
doncella pudo quedar.

A través de María bajó Dios a la tierra; a través de Ella ascendemos nosotros hacia el Cielo. Esto de la Encarnación no es cosa para saberse —¿qué podemos saber nosotros?— sino para sentirse. Los mexicanos somos ricos: tenemos dos Navidades en diciembre. Una es la nuestra, la del día 12. En el Tepeyac fue nuestra Navidad como nación. Otra es la Navidad de todo el mundo, de ese mundo que en Nochebuena nació para el amor.

Ni española ni indígena es nuestra madre: la Gualupita es mestiza mexicana. Está encinta; lleva en su vientre al Hijo, y en ese hijo nos lleva a todos. Por Ella el páramo floreció en rosas, pero Ella misma fue la mejor rosa del rosal. Ahora es nuestro símbolo: en México hasta los ateos son guadalupanos. Yo, que dudo de todo, no dudo nunca de Ella. Le digo las antiguas oraciones; antiguas porque vienen de siglos —«Bajo tu amparo nos acogemos, oh, santa Madre de Dios...»— y antiguas porque las aprendí de niño. Le canto las entrañables alabanzas que canta el pueblo, dolorido pueblo y aun así esperanzado gracias a la Morenita. La saludo con la rendida «O» de las antífonas, y me detengo a oír «la Magnífica», su triunfal himno de mujer, tan humilde y tan majestuosa. La miro de rodillas junto al pesebre, y de pie junto a la cruz en un inacabable «Stabat Mater».

Peregrino de la vida —todos los hombres somos homo viator—, llego en mi íntima peregrinación hasta el altar de la Señora y le pido me cubra con su manto. Cuando viene el dolor escucho sus palabras: «¿No estoy yo aquí, que soy tu Madre?». Palabras son ésas para quitar toda tristeza, toda desolación.

En su fecha pongo en vuelo hacia María de Guadalupe todo un aviario de avemarías, y desgrano ante Ella los piropos lauretanos, esos sabrosos requiebros hechos de poesía y amor: «[...] Rosa mística [...] Torre de David [...] Torre de marfil [...] Casa de oro [...] Arca de la alianza [...] Puerta del cielo [...] Estrella de la mañana [...]»; y los otros de reciente letanía: «[…] Mujer de la nueva era [...] Mujer vestida de sol [...] Mujer coronada de estrellas [...]». Me hago niño ante Ella, como cuando mi abuela, mamá Lata, me enseñaba a levantar la mano, lo mismo que la tiende un pobre, para pedirle a la Señora el pan. Igual de suplicante voy a Ella para pedirle que esté siempre con nosotros; que siga siendo vida, dulzura y esperanza nuestra.

Esa fe, acompañada de mucha ciencia, se halla en este libro de Carlos Eduardo Díaz. Siempre somos mexicanos, pero el 12 de diciembre lo somos más. A la Guadalupana le pedimos su gracia para nuestras desgracias. Ella nos manda de regreso a casa con las manos llenas de rosas. Yo le pido solamente tres: una de fe para creer; otra de esperanza para confiar, y la tercera de amor a mi prójimo. Mi prójimo eres tú, que has leído esto.

Saltillo, Coahuila, diciembre de 2016.

INTRODUCCIÓN

El 12 de diciembre de cada año, día en que se celebra a la Virgen de Guadalupe, México adquiere un tinte singular. Los creyentes se desbordan, llenan las calles, nutren peregrinaciones, asisten a santuarios, colocan imágenes en casas, oficinas y escuelas. Sin embargo, para los no creyentes, el día no pasa inadvertido; pueden mostrar enojo, lanzar críticas o burlas, pero la fecha no les es indiferente. Existen muchos no católicos y ateos que van más allá: a pesar de su desprecio por la Iglesia, son guadalupanos.

En efecto, la Virgen de Guadalupe demuestra que no es necesario ser católico para creer en ella, quizá porque no sólo se trata de un símbolo religioso, sino también cultural. Por eso se encuentra lo mismo en templos y altares que en nichos ubicados en las fachadas de las casas, estampada en prendas de vestir, en muros de barrios conflictivos, en tatuajes que portan integrantes de pandillas o grupos delictivos, y sí, también en artículos escolares y de oficina, así como en accesorios tan diversos como relojes, llaveros, aretes y collares.

La realidad es que no existe otra imagen en torno a la que tantos mexicanos se agrupen al mismo tiempo. Ante ella —ante esta representación profundamente espiritual que sobrepasa las divisiones religiosas— la gente se persigna, llora, reza, suspira y suplica; se muestra vulnerable, escarba en busca de ternura, o bien, da rienda suelta a su odio, a sus críticas y hasta a su intolerancia. Lo notable es que la imagen guadalupana no pasa inadvertida para nadie, y ésa es su virtud principal: está presente para todos, incluso para quienes la ridiculizan.

Esta omnipresencia no es gratuita, aunque es parte de un culto en buena medida ignorante: todos los mexicanos saben *quién* es Ella, pero pocos, muy pocos, saben el *porqué* de Ella.

A pesar de que la lógica indique lo contrario, esta *ignorancia* no es del todo grave. La religiosidad popular —que es, desde luego, la que predomina en este país— no requiere de razones. Ni un hombre que ha caminado durante días enteros dentro de una peregrinación para llegar a un santuario, ni una mujer que ingresa de rodillas a un templo, necesitan saber o entender la raíz o la parte racional de sus creencias. A esta clase de acciones las mueve la fe, la esperanza, y en la religiosidad popular la razón no sólo no es indispensable, sino que a veces estorba. En los actos piadosos, en las mandas, en las promesas, en los juramentos y en los sacrificios, se actúa, se tiene confianza, se tiene fe. Pero sólo eso. El raciocinio está de más, es una piedra a la mitad del camino, porque la fe es ciega y la lógica se contrapone a los hechos milagrosos.

Es por ello que los devotos guadalupanos no requieren saber los hechos ni la historia que hay detrás de la venerada imagen, mucho menos su trasfondo cultural o teológico. Simplemente no les hace falta; les basta la imagen misma para sentirse *sus* hijos y sentirla *su* Madre. Esto es precisamente lo que se llama devoción: entregarse a una experiencia mística sin razonar en ella.

No obstante, si nos dejamos guiar por la mera devoción o incluso si permitimos que nos arrastre el simple odio visceral, seguramente jamás nos interesaremos en profundizar en el hecho guadalupano (que engloba principalmente a la imagen misma y a lo narrado en el *Nican Mopohua*). De ser así, nos estaremos perdiendo del acontecimiento cultural más rico de toda la historia de México y, sin lugar a dudas, uno de los más asombrosos a nivel mundial.

* * *

Lo que sucedió en el Cerro del Tepeyac en 1531 se adelantó a la historia en por lo menos 431 años, pues la imagen de la Virgen de Guadalupe es un perfecto ejemplo de inculturación; un concepto que la Iglesia comenzó a utilizar a partir de 1962 gracias al Concilio Vaticano II. Es decir, cuatro siglos antes de que el papa Juan XXIII convocara a este encuentro ecuménico, en el hoy llamado continente americano —en medio de europeos educados en la Edad Media que veían demonios y herejías en todas las manifestaciones religiosas propias de los pueblos autóctonos, y por tanto se dedicaban a destruirlas, incluso en medio de brutales saqueos, abusos y violaciones— se estaba llevando a cabo una asombrosa inculturación sin precedentes.

Ni los españoles (intolerantes, temerosos a lo diferente, cargados del oscurantismo de la época y del extremismo de la Inquisición) ni los mexicas (que sufrieron la destrucción de su mundo) poseían los conocimientos, mucho menos el ánimo o la visión para concebir algo como lo que sucedió.

Inculturar es un término exclusivo de la religión católica que significa armonizar el cristianismo con las culturas de los pueblos que se desea evangelizar. Es decir, no destruir las culturas que ya existen en un lugar, tampoco denostarlas o negarlas; jamás empeñarse en demostrar lo equivocadas que están, sino conocerlas, amarlas y maravillarse con ellas para después tomar sus mejores elementos, sus signos más bellos, y utilizarlos para introducir el catolicismo de forma natural. Esto fue lo que sucedió en 1531, pero no gracias a los españoles, ni a los mexicas, ni a ningún otro pueblo.

No, ni los españoles, que no tenían ojos sino para el oro, ni los nativos, que fueron las grandes víctimas, los injustamente despojados, pudieron haber concebido la inculturación, mucho menos una como la que dio origen al hecho guadalupano: magníficamente balanceada.

A diferencia de los conquistadores, incluso a diferencia de los mismos sacerdotes y misioneros que en un principio condenaron y destruyeron sin piedad prácticamente todo lo que se encontraron en este lado del mundo, el mensaje guadalupano fue distinto: amoroso y dignificante de raíz. La Señora del Tepeyac no se presentó jamás como la madre de Jesucristo, sino como la madre de «el Señor del Cerca y del Junto», la madre de Ometéotl, a partir de lo cual fundió las creencias de ambos mundos en una sola, especialmente elaborada para los hombres de esta tierra.

Así es: el mensaje guadalupano tiene un destinatario específico, aunque no exclusivo. Ella les habló a los mexicas y les dejó estampado su mensaje para que pudieran *leerlo*, interpretarlo, hacerlo suyo. Ella se hizo presente para hablarles en particular a los mexicanos, y lo hizo en su lengua. No en la de los conquistadores, sino poéticamente, en náhuatl, y por medio de un códice elaborado a base de ideogramas.

El que la Señora haya hablado en esta lengua, y el hecho de que haya utilizado los fundamentos de esta cultura para transmitir su mensaje, no fue casualidad: se trataba, después de todo, de la civilización dominante al momento de la conquista.

Si bien los destinatarios principales y obvios fueron los mexicas, no se trató de un hecho excluyente, sino de un trampolín. Utilizó la cultura que imperaba para alcanzar a todos los hombres de esta tierra, e incluso a los hombres de otras latitudes.

Es verdad: los destinatarios primordiales fueron los mexicas y demás grupos de ascendencia nahua, pero el mensaje posee una clara proyección universal que se comprueba al desmenuzarlo.

* * *

Para acercarnos a las raíces del evento guadalupano debemos partir de tres consideraciones:

1. La imagen de la Virgen de Guadalupe *es* un códice.
2. Por tanto, puede *leerse*. Interpretarse.
3. Por desgracia, jamás llegaremos a entender por completo todo lo que contiene.

El punto tres se debe a que los conquistadores se encargaron de destruir gran parte de la herencia prehispánica —códices, testimonios, imágenes— por lo que nuestro conocimiento del mundo antiguo siempre será incompleto.

Éste es un hecho terrible pero cierto: jamás llegaremos a entender de manera íntegra todo lo que la imagen guadalupana contiene. Nunca podremos saber con absoluta certeza la totalidad de lo que los mexicas vieron y *leyeron* en ese hermoso códice.

No obstante, podemos hacer algo muy rico y muy valioso: acercarnos e interpretar en buena medida los elementos presentes tanto en la imagen como en la narración de las apariciones de la Virgen, pero la clave para hacerlo no se encuentra en la religión, sino en la historia.

Así es: entre más sepamos acerca del universo mexica, e incluso de las culturas que lo influenciaron, como la teotihuacana y la tolteca, así como de la situación que se vivía en la España de finales del siglo XV y comienzos del XVI, tendremos mejores herramientas para descifrar lo que se encuentra plasmado en el ayate de Juan Diego, pero también —y muy importante— lo descrito en el *Nican Mopohua*. Por consiguiente, nuestro recorrido debe comenzar en un punto específico: en el el mito mismo sobre la fundación de la imponente ciudad de México-Tenochtitlan.

Los orígenes

Tu oficio es dar de beber al Sol
con la sangre de los enemigos,
y dar de comer a la Tierra
con el cuerpo de tus enemigos.

Primeras palabras que escuchaban los niños nacidos en México-Tenochtitlan.*

La historia antigua de México posee una interesante característica: por mucho que indaguemos, nunca podremos conocer a ciencia cierta, mucho menos en su totalidad, lo que sucedió en nuestro país antes de la llegada de los españoles por dos razones fundamentales.

---

* Sahagún, Bernardino de. *Historia general de las cosas de la Nueva España.* Editorial Porrúa, México, 1975.

La primera de estas razones es que los conquistadores ordenaron la destrucción de gran parte de los códices prehispánicos y con ello se perdió una importante porción de la memoria. La segunda, y que además constituye un hecho curioso, es que los propios mexicas inventaron su historia. Así es, pero ¿a quién se le ocurrió hacerlo? La respuesta es simple: a Tlacaélel, «varón esforzado», «tripas de macho» o «el desposeído». Tomemos un minuto para saber quién fue este singular personaje y cuáles fueron sus motivos para alterar el pasado pues, curiosamente, lo que él ordenó tiene mucho que ver con el acontecimiento guadalupano.

Tlacaélel nació aproximadamente en el año 1398. Él fue, y no por casualidad, el auténtico poder detrás del trono mexica durante cuarenta o cincuenta años. Su linaje era parte importante de su atractivo: fue sobrino de Itzcóatl y hermano de Chimalpopoca y de Moctezuma Ilhuicamina, además de consejero de todos ellos. Los tres, desde luego, ejercieron el cargo de *huey tlatoani* de México-Tenochtitlan. Podemos pensar en el *huey tlatoani* (el grande que habla o gran orador) como una especie de emperador. No precisamente a la manera europea, pero más o menos semejante en la práctica. Es decir, un gobernante supremo. Sí, el gobernante supremo de México-Tenochtitlan.

Tlacaélel fue, por tanto, parte de la nobleza mexica, pero también un pensador, un gran guerrero y un inteligente estadista. Fue él quien reformó, e incluso inventó, la cultura mexica como tradicionalmente la concebimos, incluyendo los ámbitos religioso, político y social. Entre los años 1428 y 1478, muchas de sus ideas se convirtieron en leyes. El cronista Chimalpahin aseguró que «Decidía lo tocante a la guerra, las condenas a muerte y cuanto había de hacerse».

La influencia de Tlacaélel fue enorme. Gracias a él, por ejemplo, los mexicas dejaron de ser siervos para convertirse en los amos. Cuando el gran señorío de Azcapotzalco, que tenía fama de cruel, pretendió conquistar a todos los pueblos de la región, fue este enigmático sujeto quien urdió una alianza entre diversos Estados —Tenochtitlan y Tlaxcala, entre ellos— para que, unidos a Texcoco, se rebelaran y lucharan por la misma causa. Tlacaélel en persona se puso al mando de este ejército, por lo que, tras la victoria sobre Azcapotzalco, su fama e influencia fueron definitivas. Este triunfo, por cierto, dio origen a la Triple Alianza, de la que Tlacaélel —a quien también llamaban «conquistador del mundo»— fue pieza fundamental.

Otras de sus aportaciones fueron la guerra florida, el comenzar a asumirse como el «pueblo del sol» (el pueblo elegido), y el concebir a la guerra y a los sacrificios humanos no como algo cruel, sino como un acto de profunda nobleza que buscaba preservar la vida del gran astro —el sol— por medio de la sangre. Esto implicaba que, en el fondo, todas las conquistas, así como la expansión del poderío mexica, eran buenas, nobles y útiles por naturaleza, pues estaban buscando con ellas la supervivencia de todos los hombres por igual. Por si fuera poco, tanto conquistas como sacrificios estaban justificados y avalados por su dios tutelar, Huitzilopochtli, quien los había ordenado.

Igualmente, fue el propio Tlacaélel quien importó de Tula el mito de Quetzalcóatl, y quien determinó que el *huey tlatoani* se considerara una especie de semidiós, al que no se le debía mirar al rostro bajo ninguna circunstancia y sólo unos pocos podían dirigirle la palabra. El *huey tlatoani* —aunque no se trataba de un cargo dinástico sino que se asumía luego de ganar una elección entre un reducido grupo— era considerado superior al resto de los hombres, por tanto, rara vez salía de su palacio y en muy pocas ocasiones se dejaba ver en público. Un dato adicional que resulta relevante: al *huey tlatoani* se le consideraba el sol. Y algo más: todos estos dirigentes —los *tlatoque*, dicho en plural— fueron descendientes de Acamapichtli, el primer *tlatoani* de Tenochtitlan.

Gracias a estas ideas —que iremos desmenuzando más adelante—, conjugadas con una alta dosis de fuerza militar y astucia política, el Estado mexica logró extender sus fronteras hasta sitios inimaginables. Bajo la guía y el consejo de Tlacaélel, el *huey tlatoani* Moctezuma Ilhuicamina logró ampliar el dominio mexica hasta los actuales estados de Guerrero, Hidalgo, Puebla, Oaxaca y Veracruz.

No resulta del todo extraño, pues, que Tlacaélel haya decidido inventar la historia de su pueblo. Consideró que el pasado mexica no correspondía con la magnificencia que habían alcanzado. Para entonces, eran poseedores de una civilización esplendorosa que dominaba el actual altiplano mexicano. De mar a mar, de extremo a extremo, con excepción de algunas ciudades que jamás lograron someter, eran dueños de todo lo que podían desear. Por estas razones, siendo ya los amos, simplemente no podían descender de un grupo chichimeca, es decir, bárbaro, incivilizado. Esto era indigno. Así que, aprovechando su cargo como *Cihuacóatl* (consejero real, contraparte en el poder o poder compartido con el dirigente máximo), ordenó, con el permiso del *tlatoani* Itzcóatl, que los códices antiguos —incluso los que pertenecían a los pueblos sometidos— fueran quemados. Después, instruyó a los *tlacuilos* (pintores de códices) para que elaboraran otros, distintos a los anteriores, en donde se contara la *otra* historia, la que él fabricó, y la que desde entonces ha sido la versión oficial, misma que perdura hasta nuestros días.

Según esta nueva historia, ellos, el pueblo del sol, el pueblo elegido, provenían de un lugar sagrado llamado Aztlán (lugar de garzas) o Chicomóztoc (el de las siete cuevas). En este sitio, los aztecas eran siervos, estaban sometidos. Sin embargo, por órdenes de su dios Huitzilopochtli, salieron de allí y comenzaron a peregrinar motivados por una gran promesa de libertad y abundancia.

Sin importar la distancia ni el tiempo que les llevara, tendrían que marchar hasta encontrar una tierra maravillosa donde levantarían un gran imperio. Lo que buscaban era algo singular, tan magnífico y notable que lo llamaban de diversas y hermosas formas: *Atézcatl Metzli* (en el espejo del agua de la luna), *Xochitlalpan* (en la tierra florida), *Tonacatlalpan* (en la tierra de nuestro sustento). Fue precisamente durante estos años de fe y peregrinación, cuando Huitzilopochtli les indicó que dejarían de ser aztecas para comenzar a llamarse mexicas.

Fieles a las palabras de su dios, reconocerían el lugar exacto donde deberían asentarse gracias a una señal muy particular: un águila —símbolo del sol y de la victoria— posada sobre un nopal. Más tarde, el mito fue modificado y se dijo que se trataba de un águila que devoraba un ave o incluso una serpiente.

Quiso la suerte, pero sobre todo quiso el mismo Huitzilopochtli que hallaran este prodigio en un islote que se encontraba en un enorme lago. Este sitio, sin embargo, tenía dueño, por lo que se vieron en la necesidad de solicitar con humildad ser aceptados. En poco tiempo, no obstante, y venciendo toda adversidad, lograron levantar una opulenta urbe que dominó su entorno hasta convertirse en los amos de su mundo.

Nada de esto fue casualidad: ellos estaban destinados a conquistar, a ser los dueños de todo. La promesa del gran Huitzilopochtli así lo había previsto y no podía ser de otra manera.

* * *

Ésta fue la versión creada por Tlacaélel. La verdad, sin embargo, no es tan romántica, aunque es mucho más meritoria.

En realidad, los mexicas eran uno de tantos grupos nahuas que arribaron al altiplano, procedentes de los territorios del norte, en una serie de migraciones. Se cree que fueron siete los «barrios» que emprendieron la marcha, seis de los cuales se fueron asentando a lo largo del territorio. Los mexicas, de hecho, llegaron a la zona como parte de la última ola de peregrinaje y se establecieron en aquel islote porque fue el único lugar que les prestaron para hacerlo, luego de salir huyendo de Chapultepec. Lo que Tlacaélel trató de borrar fue el hecho de que ellos mismos, en sus orígenes, fueron chichimecas, como después los propios mexicas denominarían a los grupos errantes, sin tierra y con escasa cultura. Los historiadores consideran que el peregrinaje mexica duró del año 1150 al 1300, aproximadamente.

En el gran lago, que formaba parte de un sistema lacustre de aproximadamente siete mil kilómetros cuadrados, existían otros islotes, algunos de ellos habitados. Incluso, las excavaciones han demostrado que, en el sitio en el cual se establecieron los mexicas, ya existían construcciones desde antes de que ellos arribaran.

El señorío de Azcapotzalco, al que pertenecía el territorio, consideró que ese lugar —ese islote árido, rodeado de pantanos, donde tendrían que vivir entre juncos y cañas— era el ideal para permitir que se asentaran aquellos salvajes recién llegados que tan encarecidamente solicitaban un pedazo de tierra donde vivir. La verdad es que los mexicas se instalaron a la mitad del lago no tanto porque hayan encontrado allí su mítica señal, sino porque fue el lugar que les fue asignado por el Señor de Azcapotzalco.

En palabras crudas, los mexicas llegaron sin ser invitados; eran incultos, rijosos y mal vistos, por eso su trabajo fue servir. Eran los sirvientes, los tributarios y el brazo armado de Azcapotzalco. No obstante, contra todos los pronósticos, a base de trabajo, de fuerza y de astucia, en poco tiempo pasaron de ser los sometidos a ser los dueños de todo su entorno. Su ciudad se llamó México-Tenochtitlan, fue fundada en 1325, y se convirtió en un *altépetl* (organización social y política) independiente luego de que el poderoso y cruel señorío de Azcapotzalco fue derrotado. *Altépetl*, por cierto, literalmente significa «cerro de agua», lo cual también resulta relevante en nuestro tema.

Un hecho curioso: en ese mismo año de 1325, específicamente el 13 de abril, ocurrió un eclipse total de sol, el cual se apreció en toda su magnitud en la Florida y en la región central de México. Este impresionante fenómeno natural, como veremos más adelante, se vistió de simbolismos para los mexicas y sin duda influyó en la fundación de su ciudad.

El punto que sigue resulta fundamental para establecer la dimensión del hecho guadalupano: tanto su ciudad como su cultura comenzaron con un hecho simbólico: la construcción de su templo, el Templo Mayor, cuyas ruinas pueden admirarse a un costado de la Catedral Metropolitana de la Ciudad de México.

Fue el mismo Huitzilopochtli quien ordenó la fundación de la ciudad y, por ende, también la construcción del templo, lo cual es algo extraordinario en sí mismo, por lo que es necesario tenerlo presente a lo largo de este libro: su dios principal les ordenó levantar un templo.

Hernando Alvarado Tezozómoc consignó la relevancia que el templo tenía al momento de la fundación de una ciudad. Afirma que, durante los ciento cincuenta años que duró la peregrinación de esta tribu, «en las partes que llegaban, lo primero que hacían era el Cú o templo de su ídolo dios Huitzilopochtli».

Es verdad: su primera tarea, luego de asentarse en aquel islote, fue comenzar a construir el templo, así como dividir la ciudad en cuatro partes o sectores, que representaban los cuatro rumbos del universo.

Como puede apreciarse en el Códice Mendocino, con el templo, y en el templo mismo, comenzaba la ciudad; sin el templo, lógicamente terminaba. El templo era el corazón de aquella ciudad, el ombligo mismo de la urbe.

Este códice fue elaborado en los años posteriores a 1540 por orden del primer virrey de la Nueva España, Antonio de Mendoza, con la finalidad de explicarle el rey Carlos I el pasado y el presente de sus nuevos territorios. Para ello, se valió de los *tlacuilos*, quienes plasmaron en papel europeo, pero con técnica mexica, tan sólo una parte de aquella enorme riqueza histórica que los primeros conquistadores y misioneros se empeñaron en destruir. Hay que decir que este códice jamás llegó a España, pues el barco que lo trasladaba fue atacado por piratas franceses. Hoy se encuentra en la Universidad de Oxford.

Antes de ver el códice, es conveniente explicar que, aunque no existe un consenso definitivo, las versiones más aceptadas indican que la palabra *México* significa «En el centro de la luna», o bien, «Lugar en el ombligo de la luna». En tanto, Tenochtitlan significaría «Lugar de tunas sobre piedras» o «Lugar donde abundan las tunas y las piedras», lo que hablaría sobre la naturaleza árida del islote. En sentido figurado, Tenochtitlan puede traducirse simplemente como «Tunal».

Si observamos la imagen de la página siguiente, veremos debajo del águila una especie de círculo. Se trata de un escudo colocado sobre unas flechas (*in mitl in chimalli*, flecha y escudo, lo cual se traduce como «guerra»). Arriba se localiza el símbolo de piedra (*tetl*) y encima un nopal con tunas (*nochtli*) sobre el que descansa el águila. Este ideograma simboliza la fundación de Tenochtitlan (*tetl-nochtli-tlan*); *tlan* puede traducirse como «junto a», «a un lado» o «en la orilla». La imagen, entonces, hace referencia a un tunal cuyo cimiento es la piedra que, en este caso y por su forma, representa al corazón mismo de la Tierra.

Tenochtitlan es la ciudad que fue edificada justamente donde convergen los cuatro puntos cardinales

La fundación de Tenochtitlan.[1]

(la gran «x» que cruza el códice y que representa, al mismo tiempo, canales de agua); también, la urbe que fue construida gracias a la guerra, mediante las conquistas, apoyados en las batallas. Es decir, la ciudad que, para ser levantada, requirió de esa especie de guerra santa ordenada por su dios.

Encima del águila se ubica el primer templo, pequeño, modesto, hecho de los materiales que tenían a la mano: césped, paja y carrizo. Un humilde templo que será ampliado poco a poco en señal de grandeza. Su apoteosis llegaría 120 años después, cuando Tlacaélel aconsejó a Moctezuma Ilhuicamina que ampliara el templo. Al *huey tlatoani* le gustó tanto la idea que deseó hacerlo de oro, piedras preciosas y plumajes. Esto, desde luego, no sucedió.

De vuelta al códice, podemos apreciar, a la derecha del águila, una calavera que simboliza el primer sacrificio humano o el inicio del *huey tzompantli* o gran muro de cráneos, el cual, al momento de la llegada de los españoles, ostentaba alrededor de sesenta mil cráneos productos de los sacrificios humanos. Según los informantes de Sahagún, en la ciudad existían siete de estos *tzompantlis*.

En la parte inferior se muestran las primeras conquistas (Culhuacán y Tenayuca), representadas por templos en llamas. Esto significa algo por demás notable: una ciudad, una civilización, incluso una cultura, comienza con la fundación del templo y termina con la destrucción del mismo.

Luego de la caída de Tenochtitlan a manos de los españoles, el Templo Mayor fue destruido. Se trató de un acontecimiento de gran impacto, incluso traumático, que fue retratado en el Códice Moctezuma.

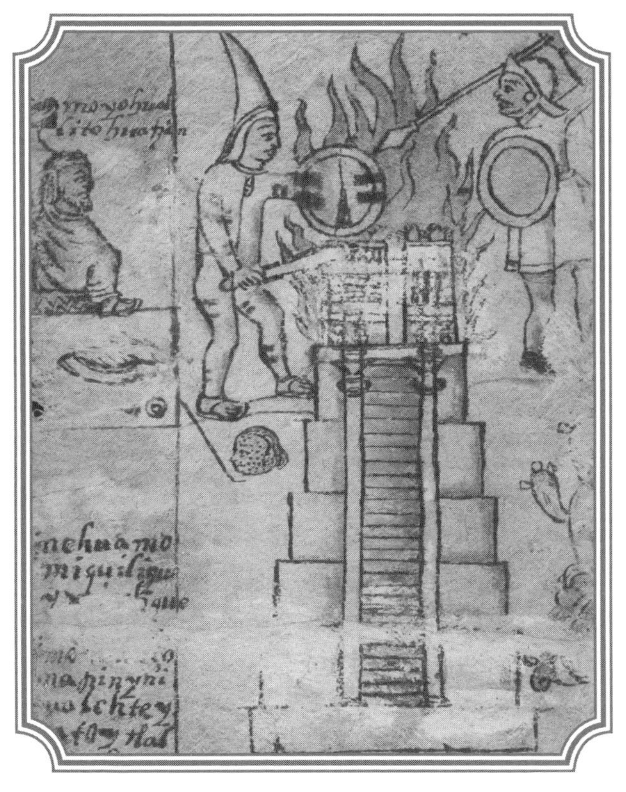

Destrucción del Templo Mayor.[2]

La simbología no miente: lo que podemos ver es algo terrible y trágico a la vez: el Templo Mayor en llamas, consumido por un gran incendio. Esto significa una sola cosa: la derrota. Su interpretación es literal y cruda: todo ha terminado. Todo ha muerto.

Esta idea se refuerza al revisar la historia: cuando los mexicas conquistaron a los totonacos de la región del Golfo de México, su primera acción, luego de capturar a los líderes de la ciudad, fue subir al templo principal del lugar e incendiarlo. Se trataba de una señal de victoria total.

El Templo Mayor era simbólicamente el principio y el fin de todo al mismo tiempo. Ésta fue la razón por la cual su cimentación se inició tan pronto como los mexicas se establecieron en el islote y por la que fue construido en siete etapas y tuvo cuatro ampliaciones. Conforme aumentaba el poderío de la ciudad, de su cultura, el templo iba incrementando su tamaño. En él registraban su historia; demostraban con él su potestad y también su corazón. Si la ciudad no hubiese sido derrotada, seguramente lo habrían seguido acrecentando.

Esta construcción era el centro de la urbe; el edificio más importante. Por eso, de él partían las cuatro divisiones básicas de la ciudad y en el templo se representaban los tres niveles del universo. En la cima, que estaba coronada con dos adoratorios o pequeñas capillas, estaba el nivel superior o celestial. Los mexicas creían que existían trece cielos. El más alto de todos era el *Omeyocan*, el lugar de la dualidad. A esta dualidad se debían, precisamente, las dos capillas en la cúspide.

Después venía el nivel medio o plano terrestre, que era el templo como tal. Aquí comenzaban las cuatro calzadas que dividían la ciudad y que simbolizaban también los cuatro puntos cardinales. Finalmente, y debajo de la construcción, los nueve mundos inferiores. El más profundo de ellos, el inframundo o mundo de los muertos, el *Mictlán*. En pocas palabras, en este edificio estaban representados el cielo, la Tierra y el inframundo: los tres niveles del universo.

Cuando los españoles lo conocieron, el Templo Mayor medía aproximadamente 82 metros por lado y poseía una altura estimada de 45 metros. Para darnos una idea de su impresionante dimensión, hay que decir que la Pirámide de la Luna de Teotihuacan mide precisamente 45 metros de alto.

Recreación del templo mayor de Tenochtitlán.[3]

Con el templo todo comenzaba, sin él, todo terminaba. Ésta fue la causa por la que los tlaxcaltecas, aliados de los españoles, se afanaron en destruirlo y en decapitar las imágenes que lo adornaban. Era el principio y el fin al mismo tiempo, el eje y el balance del mundo por igual. Se trataba de un lugar mítico, simbólico, de su *raíz* y de su pertenencia a esta tierra, pero también de su trascendencia. Cuando la ciudad fue derrotada, las piedras del templo (como las de los otros edificios) fueron desmontadas para comenzar a construir la capital de sus nuevos señores; la capital de la Nueva España.

Los Cinco Soles

El pueblo mexica basaba gran parte de su identidad en una serie de mitos y leyendas que daban por ciertos, como por ejemplo la existencia de su antigua tierra, Aztlán, y la manera como sus antepasados fundaron la ciudad gracias al peregrinaje y al encuentro del águila posada sobre el nopal. Pero existía otro mito que resulta fundamental para entender gran parte de sus creencias, de sus ritos e incluso de su comportamiento: la leyenda de los Cinco Soles, de origen tolteca.

Los mexicas creían fielmente que el mundo era tan antiguo que antes de su tiempo habían existido cuatro épocas o cuatro soles, los cuales desaparecieron a causa de los excesos cometidos por algún dios o bien por culpa de errores humanos.

En cada una de estas cuatro épocas brillaba un gran sol en lo alto del cielo. Tras su destrucción, el nacimiento de un nuevo astro se lograba mediante un peculiar sacrificio: un dios previamente elegido debía inmolarse en una hoguera. Este acto significaba implícitamente una nueva oportunidad para la vida, en específico para el ser humano, aunque no siempre conducía a un final feliz. Cuando Tezcatlipoca, por ejemplo, se convirtió en el sol, brilló con crueldad y de manera tan intensa que el mundo se volvió inhabitable. La tiranía de este sol provocó que interviniera Quetzalcóatl, quien lo derribó del cielo.

Otro caso sucedió durante el tercer sol, cuando los hombres se corrompieron. Se dedicaron a los placeres malsanos, al robo y al homicidio, por lo que los propios dioses, arrepentidos de su creación, decidieron aniquilarlos. Por ende, ninguna de las épocas anteriores había sido afortunada. Todas habían estado llenas de errores y tragedias. Los cuatro soles fueron el de tierra, el de viento, el de lluvia de fuego y el de agua.

Luego de la muerte del cuarto sol, los dioses fundamentales convocaron al resto de los dioses para reunirse nuevamente en Teotihuacan (lugar donde fueron creados los dioses). La idea era crear un nuevo sol que alumbrara al mundo y a los nuevos humanos, los cuales habían sido creados con la participación de prácticamente todos los seres divinos. Quetzalcóatl fue el primero que lo hizo pues, arriesgando su vida, bajó al *Mictlán* a rescatar los huesos de los antiguos pobladores de la Tierra. Después, la diosa madre Quilaztli los molió y los revolvió con maíz. Sobre esta mezcla, los demás dioses derramaron gotas de su propia sangre. Con esta masa —huesos, maíz y sangre divina— el ser humano fue moldeado.

Tecucciztecatl (el del caracol marino o rico señor de los caracoles) estaba destinado a convertirse en el nuevo astro. Para ello, tendría que ser devorado por las llamas. Su recompensa sería una nueva vida bajo la forma de un cuerpo celeste esplendoroso. No obstante, cuando en medio de la Calzada de los Muertos de Teotihuacan observó aquella inmensa fogata cuyas flamas alcanzaban el cielo, tuvo miedo. Cuatro veces intentó lanzarse para completar su sacrificio y cada una de ellas retrocedió temeroso.

Ante esta cobardía, Nanahuatzin fue designado sustituto y aceptó con humildad su destino. Se lanzó a las llamas sin pensarlo. Este dios era el más dócil, el único pobre de entre todos, y también el menos querido. Tenía el cuerpo entero cubierto de llagas, era deforme y estaba enfermo, por lo que nadie deseaba estar cerca de él. Era despreciado, mal visto. Lo llamaban «el lleno de heridas».

Sin embargo, su oblación fue recompensada de inmediato: se convirtió en un sol perfecto y esplendoroso que fue llevado al cielo y colocado en un trono de plumas de garza. Al mirar su belleza, Tecucciztecatl sintió celos y se lanzó también a la hoguera. Entonces, surgió transformado en otro sol. Quetzalcóatl entendió que no podían existir dos cuerpos celestes con las mismas características así que, para castigar su cobardía, le lanzó un conejo a la cara, con lo que su luz se eclipsó y su tamaño se redujo hasta convertirse en la luna.

Vale la pena mencionar brevemente los orígenes de este dios. Nanahuatzin era hijo de Xochiquétzal, diosa del amor, que a su vez nació de los cabellos de la diosa madre Quilaztli. Es decir, Xochiquétzal fue engendrada sin intervención de un hombre, de manera asexual y estrictamente divina. Sin embargo, fue mujer de Piltzintecutli, hijo a su vez de la primera pareja de hombres (Cipactónal y Oxomoco). Nanahuatzin, por consiguiente, al haber nacido de una diosa y de un hombre, poseía una doble naturaleza: humana y divina. En consecuencia, era un balance perfecto en sí mismo.

Pero hay más: la figura de Nanahuatzin, por su origen humilde y su destino glorioso, es también una metáfora del pueblo mexica.

Bien. El hermoso astro se encontraba ya en el firmamento, pero inmóvil. Ahora los dioses tenían que solucionar otro problema: ¿cómo proporcionarle movimiento?

Entendieron que sólo existía una manera de lograrlo. Tendrían que utilizar la fuerza vital por excelencia: la sangre. Para ello utilizaron su propia sangre —sangre divina— para comenzar a moverlo.

Los mexicas creían tan fielmente en esta historia que asumieron como suyo el deber de seguir suministrando «combustible» al sol. Ésta es la razón de los sacrificios humanos: la sangre que le ofrecían lo ayudaba a continuar su marcha a lo largo del cielo. El astro no debía quedarse sin «gasolina» porque detendría su paso, permanecería inmóvil y entonces todo terminaría. Los sacrificios humanos, en consecuencia, estaban muy lejos de ser una expresión de crueldad, pues eran indispensables para mantener al sol en movimiento.

El nuevo sol fue llamado Tonatiuh, y a la nueva época, o Quinto Sol, se le denominó *Nahui Ollin*, cuatro movimiento o simplemente movimiento (*Ollin*), en referencia a su tránsito diario por el firmamento. Su nombre completo era *Olintonatiuh* o sol de movimiento. Para comprender su relevancia, hay que decir que la Piedra del Sol o Calendario Azteca es un monolito dedicado casi exclusivamente al *Nahui Ollin*.

Justo al centro, este monumento tiene esculpido el rostro de Tonatiuh, cuya lengua afilada es un cuchillo de pedernal. Es decir, la herramienta utilizada para extraer el corazón humano durante los sacrificios, que eran el medio para obtener el combustible del astro. El «marco» o círculo exterior del monolito representa precisamente el movimiento: dos serpientes —cuyos rostros se tocan en la parte inferior— que todos los días trasladan al sol a lo largo del firmamento.

El Quinto Sol o *Nahui Ollin* era «el principio de la vida» y su símbolo tenía una forma singular, parecida a la de un signo de multiplicar. Pensemos en una flor de cuatro pétalos o en un ventilador de cuatro aspas. Esta «cruz» resultaba fundamental para los mexicas, pues representaba la raíz de lo que eran, el origen de la vida, el principio y el fundamento de aquello en lo que creían, por ello aparece en diversos grabados, así como al centro de la Piedra del Sol y también —y muy importante por el sitio en donde se ubica— en la imagen de la Virgen de Guadalupe.

CALENDARIO AZTECA.[4]

La Cruz de Quetzalcóatl[5]

Centro del Calendario Azteca.[6]

Nuestra Señora de Guadalupe (detalle).[7]

La relevancia del *Nahui Ollin* también puede apreciarse en el Códice Mendocino [p. 35]. Si lo observamos nuevamente veremos que, en su concepción, el mundo tenía forma cuadrangular. En cada esquina se localizaba un punto cardinal. Al unirlos, por medio de líneas, se formaba una gran «x», en cuyo centro —señalado por el águila posada sobre el nopal— se levantaba Tenochtitlan, cuyo eje era el Templo Mayor (*Huey Teocalli*, Gran Casa de Dios). Por lo tanto, el templo, construido justo en el centro o balance del *Nahui Ollin*, era origen y punto de partida de su cultura; equilibrio y sustento del mundo entero. Sobre el *Nahui Ollin*, que era el principio de la vida, se levantaba, majestuoso, el Templo Mayor: el principio y el fin del universo.

No es asunto menor, por tanto, el que la Señora del Tepeyac haya pedido que se le construyera un templo. Así es: un templo, con todo lo que esto implicaba para los mexicas. Ese gran equilibrio y sustento perfecto; el origen y el final de todo cuanto existe. Con él —con ese templo que tantos significados poseía en sí mismo— todo volvería a comenzar.

* * *

La ciudad de México-Tenochtitlan era, en verdad, el ombligo del mundo, y ellos, los mexicas, los privilegiados, los elegidos, pues un dios había dado su vida para infundírselas a ellos. Esto les otorgaba dignidad, incluso altivez y presunción. No se trataba de cualquier cosa, sino de un hecho absolutamente maravilloso y digno de celebrarse todo el tiempo: ¡un dios había dado la vida por ellos!

Por este motivo, se consideraban a sí mismos *macehuales*, que significa «salvados por el sacrificio de un dios». La palabra *macehual* es rica en connotaciones, por lo que es necesario explicarla, pues es una de las formas como el *Nican Mopohua* se refiere a Juan Diego.

Macehualli significa «hombre», refiriéndose al ser humano como género, pero también denota al hombre pobre, de clase baja. De hecho, al náhuatl que hablaban los *macehuales* —jamás refinado como el que presumían los nobles y los sacerdotes— se le denominaba *macehuatolli*, «el habla pobre».

Esta humilde clase social era numerosa, pero no se trataba ni remotamente de un sistema de castas discriminatorio como el que impondrían los españoles años después, mucho menos de esclavos, que en efecto existían, se llamaban *tlatlacotin*, y tenían diversas formas de conseguir su libertad. Los *macehualtin* —dicho ya en plural— se conformaban por labradores, artesanos, constructores e incluso soldados. De hecho, fue gracias a ellos, a los *macehualtin*, que se logró el esplendor de la ciudad. Sin embargo, la palabra poseía otro significado mucho más amplio y rico, que es el que nos interesa.

Macehualli proviene del verbo *macehua*, que quiere decir «obtener» o «merecer». Gracias a un acercamiento poético, puede traducirse como «merecer con esfuerzo, con penitencia o con sangre». Así, la traducción más exacta de *macehualli* es «merecido por la penitencia», lo cual alude al sacrificio de Nanahuatzin, pero también al de Quetzalcóatl y al del resto de los dioses que derramaron su sangre para darle vida al ser humano y al sol.

Esto demuestra que los mexicas tenían muy claro su origen y se sentían orgullosos de él: vivían gracias a que un dios se había sacrificado por ellos, lo cual representaba una dignidad muy especial y una gran alegría. Se trataba de un auténtico gozo: el ser humano, el *macehualli*, poseía una dignidad superior por el simple hecho de ser hombre. Esto explica por qué podía sacrificarse sin distinción a los esclavos y a los enemigos: más allá de toda condición social o circunstancia externa, toda la sangre era igualmente valiosa, pues el ser humano —el *macehualli*— poseía por naturaleza una esencia divina. En consecuencia, todos los hombres venían de la divinidad y hacia la divinidad regresaban.

La palabra *macehual*, por tanto, jamás se utilizó en un sentido denigrante, como afirman algunos autores.

* * *

Para profundizar este tema, es necesario explicar que el Quinto Sol tenía un severo inconveniente: según los sabios mexicas, durante su época habría movimientos de Tierra (y de ahí su nombre: *Ollin*), hambruna y muertes. Además, a pesar de parecer eterno e invencible, no lo era, por eso debía ser alimentado con «agua preciosa» o *chalchihuatl*, es decir, sangre, a la que tenían en tan alto aprecio que llamaban también *teoatl* (el agua divina) y *xochiatl* (el agua de las flores). Prácticamente toda su existencia individual y comunitaria giraba en torno a este concepto: antes que nada, se sabían elegidos; eran conscientes de sus obligaciones, las asumían y las practicaban con fidelidad. No tenían duda alguna: su misión principal en esta vida era mantener con vida al sol.

Por esta razón, los mexicas veían como un deber sagrado el «alimentarlo». Para ello recurrían, desde luego, a los sacrificios humanos. La sangre que le ofrecían podía ser propia o de los enemigos. Después de todo, cualquier persona poseía la naturaleza divina que lo volvía digno. Pero, además, solían sangrarse con púas de maguey, a modo de penitencia, y también se valían de las guerras floridas.

La *xochiyaoyotl* o guerra florida era una batalla ritual llevada a cabo, de mutuo acuerdo, entre dos o más ciudades-estado con el fin de capturar prisioneros para ser sacrificados. Moctezuma I la instauró por consejo de Tlacaélel, y lo hizo en convenio con las ciudades de Tlaxcala y Huejotzingo, aunque ya la practicaban desde mucho antes los tepanecas de Azcapotzalco.

El concepto mismo del nombre (*xochitl*, «flores, florida») posee una asombrosa connotación divina en la que ahondaré más adelante. Por ahora, resulta imprescindible explicar que la guerra, e incluso los sacrificios humanos, estaban muy lejos de la barbarie que normalmente se les atribuye. De hecho, se consideraba que la actividad más noble que existía era precisamente la guerra y no había nada más digno que morir en sacrificio.

HUITZILOPOCHTLI

HUITZILOPOCHTLI.[8]

Para entender estos conceptos es necesario saber que su dios tutelar, Huitzilopochtli, que significa «colibrí del sur» o «colibrí zurdo», era también su dios de la guerra. A pesar de su importancia, no se conocen representaciones suyas en barro, piedra u otros materiales. Conocemos su apariencia gracias a los códices, pues al parecer sus imágenes se elaboraban siempre con semillas de amaranto.

Durante sus años de peregrinaje, los mexicas no contaron con representación alguna de este dios, al menos no con una estatua o imagen, sino —y esto es muy relevante— con un «envoltorio». Dentro de un atado de mantas, colocaban algunos objetos simbólicos, como plumas, cabellos, piedras, que representaban la esencia divina. Este atado recibía el nombre de *tlaquimiloli*, que significa literalmente «envoltorio». Sólo hasta que se asentaron definitivamente en el lago, comenzaron a fabricar imágenes con semillas de amaranto.

Resulta curioso este hecho. ¿Por qué las imágenes de Huitzilopochtli se elaboraban con esta semilla? Para empezar, hay que decir que la palabra *amaranto* proviene del griego y significa «que no se marchita», esto, debido a su resistencia a prácticamente cualquier tipo de clima, incluyendo las heladas, las sequías y los suelos pobres.

En América, el amaranto se ha consumido desde hace más de cuatro mil años e incluso, en ciertos momentos, se utilizó como moneda de cambio. Los mexicas lo llamaban *huautli* y lo asociaban con la divinidad, por lo que era usado tanto en las ofrendas destinadas a los dioses como a los gobernantes; también, solían colocarlo en las tumbas. Además de sus altos valores nutricionales, se le atribuían propiedades afrodisiacas y mágicas. Igualmente, formaba parte de las ceremonias de corte religioso, una de ellas extremadamente peculiar: el amaranto molido o tostado era revuelto con azúcar, miel o miel de maguey. Con esta pasta se moldeaban figurillas, entre ellas, precisamente la del dios Huitzilopochtli. Al término de la ceremonia, esta figurilla era cortada en pedazos y repartida entre los asistentes, quienes la consumían. Se trataba de una especie de comunión.

Explica fray Bernardino de Sahagún que a estos «pedacitos del cuerpo de Huitzilopochtli» les llamaban «cuerpo de dios». De manera que, quienes consumían estos fragmentos eran llamados «ministros de dios» y asumían la obligación de hacer penitencia y servir durante un año.

Otra curiosidad: al asentarse en el islote, los mexicas recibieron un peculiar mandato por parte de este mismo dios: «Haced de mi propio cuerpo una estatua toda llena de *izcahuitli*, que es mi cuerpo y sangre». El *izcahuitli* era un gusano lagunero propio de aquellas regiones, cuya peculiaridad era su color rojo sangre.

Cuando los españoles arribaron a la ciudad, el amaranto era el cuarto cultivo en importancia, después del maíz, el frijol y la chía. Era tanta su relevancia que el huauzontle (la planta de donde proviene el amaranto) era uno de los tributos que Tenochtitlan recibía por parte de los pueblos sometidos.

Algo más que resulta notable: Huitzilopochtli existió de verdad. En sus orígenes, fue un ser humano de carne y hueso. Se trató de un guerrero y de un gobernante que dirigió a los mexicas durante su salida de Aztlán y hasta los primeros años de peregrinación. Tras su muerte, se le convirtió en dios gracias a su valor y a sus virtudes, y se cree que fue Tlacaélel quien, siglos después, lo elevó de rango hasta convertirlo en el dios principal de los mexicas.

Captura de prisioneros.[9]

Bien, volviendo a la leyenda, diremos que la madre de Huitzilopochtli se llamó Coatlicue, que significa «la que tiene su falda de serpientes». Por ser la diosa de la fertilidad, también se le llamó Tonantzin (nuestra venerada madre o nuestra madre) o bien, Teteoinan (madre de los dioses). Mientras se encontraba barriendo un templo ubicado en Coatepec (Cerro de la serpiente), cerca de Tollan (que tal vez sea Teotihuacan o Tula), descendió del cielo un ovillo de plumas muy hermosas y finas. Coatlicue lo recogió y lo guardó entre sus ropas. Después de un rato, cuando lo buscó, se dio cuenta de que había desaparecido. En ese momento quedó embarazada.

Este hecho encolerizó a sus cuatrocientos hijos, quienes, encabezados por su hermana Coyolxauhqui, planearon asesinar a su madre para vengar la deshonra. El número cuatrocientos no debe tomarse de manera literal; quiere decir «innumerables».

Huitzilopochtli, desde el vientre de su madre, se dio a la tarea de tranquilizarla con palabras de consuelo. «No temas, yo sé lo que tengo que hacer», le decía. Cuando sus hermanos se acercaban, dispuestos a cumplir con su sangrienta venganza, el imbatible dios nació, se revistió como un gran guerrero y mató primero a su hermana y después a la mayor parte de sus hermanos. Los que lograron sobrevivir huyeron hacia el sur; de ahí que se les conozca como «surianos». El arma que Huitzilopochtli utilizó en su contra fue la *xiuhcóatl* o serpiente de fuego, es decir, el rayo de sol matutino que dispersa las tinieblas de la noche.

A su hermana, en tanto, la decapitó. Su cuerpo rodó desde lo alto de Coatepec. Al caer, se desmembró por completo. Su torso, sus piernas, sus brazos quedaron esparcidos.

La muerte de Coyolxauhqui tiene al menos dos repercusiones directas dentro del universo mexica: por un lado, define la vocación guerrera del pueblo, y por otro, dictamina que los sacrificados en honor a Huitzilopochtli deben ser precisamente guerreros, como la diosa.

El Templo Mayor era una representación de Coatepec, de ahí su gran tamaño. En la cima, se encontraba la imagen de la diosa Coatlicue al lado de la de su hijo Huitzilopochtli. Justo en la base de la escalinata descansaba el gran monolito de Coyolxauhqui como podemos apreciarlo ahora: ataviada para la guerra. El simbolismo era claro: el vencedor, en la cúspide, la derrotada, en el suelo: el cielo contra el inframundo. Cuando un hombre era sacrificado, arrojaban su cuerpo desde lo alto; caía rodando por las escalinatas hasta estrellarse en esta enorme figura. Se trataba de una alegoría religiosa o de un rito que conmemoraba la primera gran victoria de Huitzilopochtli.

Fue precisamente el monolito de Coyolxauhqui el que encontraron los trabajadores de la compañía Luz y Fuerza del Centro aquel 21 de febrero de 1978 mientras realizaban excavaciones. La diosa se encontraba al pie de la escalera derecha del Templo Mayor. El descubrimiento desencadenó todo el proyecto de rescate de este importante recinto que durante siglos permaneció escondido y cuyas ruinas ahora podemos apreciar en el centro de la capital del país.

Bien, una vez derrotada Coyolxauhqui, Huitzilopochtli tomó su cabeza y la arrojó al cielo, con lo que se convirtió en la luna. Coyolxauhqui es, por tanto, la diosa de la luna, mientras que Huitzilopochtli es el sol mismo. El hecho de que la fundación de Tenochtitlan haya ocurrido en 1325, año en que ocurrió un eclipse total de sol, tuvo también este simbolismo: la lucha de la luna contra el sol y la victoria final del gran astro, es decir, de Huitzilopochtli. La ciudad entera rendía culto a su dios victorioso.

A causa de este hecho, los mexicas creían que durante las noches, Huitzilopochtli continuaba luchando en contra de sus hermanos, la luna y las estrellas. La mejor manera de ayudarlo en sus batallas era ofreciéndole «agua preciosa». La sangre de los sacrificios lo ayudaba en su terrible lucha (que se hacía visible en el momento mismo del amanecer, cuando el cielo adquiere una tonalidad rojiza, que interpretaban como la sangre que el sol derramaba a causa de sus heridas). Por esta razón, el «agua preciosa» de los hombres lo ayudaba a reponer su propia sangre perdida durante las horas de oscuridad.

La feroz batalla de Coatepec era conmemorada por los mexicas un día en especial: el último día del decimoquinto mes de su calendario; Motolinía, empero, afirma que era el decimocuarto. A este mes se le llamaba *Panquetzaliztli* (levantamiento de banderas) y estaba dedicado por entero a Huitzilopochtli. El *Panquetzaliztli* equivale aproximadamente a nuestro diciembre actual. El año mexica constaba de dieciocho meses de veinte días cada uno, lo que equivale a trescientos sesenta días, más cinco días extras, a los que llamaban inútiles.

La fiesta que conmemoraba la victoria de su dios se celebraba en el lado sur del Templo Mayor (dedicado, precisamente, a Huitzilopochtli) y culminaba con el sacrificio de los guerreros capturados para este fin, mismos que representaban a los cuatrocientos hijos de Coatlicue.

* * *

En torno a este peculiar dios existen diversos elementos que debemos explicar.

Fue el propio Huitzilopochtli quien ordenó la fundación de la ciudad específicamente en aquel sitio; en el islote. Del mismo modo, dispuso que la urbe se dividiera en cuatro barrios, aunque más tarde se iría fragmentando al ritmo de su propio crecimiento.

La elección del asentamiento no se hizo al azar. El dios mismo le habló en sueños a uno de sus seguidores y le explicó que su sobrino Cópil —quien había luchado en contra de los mexicas en Chapultepec— estaba muerto, que su corazón fue arrojado al lago, pero que cayó en una peña, y que sobre esa peña creció un tunal. Precisamente en ese tunal el águila se posaría majestuosa a devorar aves.

Este hecho encierra un poderoso simbolismo: los corazones son parte fundamental de la ciudad, de ahí, también, la necesidad de los sacrificios.

Hablemos ahora de la etimología de su nombre: Huitzilopochtli se conforma de dos vocablos: *hutzilin*, «colibrí», y *opochtli*, «zurdo o de izquierda». Colibrí zurdo, colibrí de izquierda. Esta hermosa y diminuta ave, exclusiva del continente americano, posee varias singularidades.

Para empezar, el colibrí se alimenta en gran medida del néctar de las flores, pues su componente esencial, a base de azúcares, le brinda las calorías que necesita para mantener su ritmo de vuelo. Algunas especies baten sus alas hasta noventa veces por segundo, lo que representa un severo desgaste físico.

Además, son las únicas aves que pueden volar en todas direcciones, incluso hacia atrás. De igual modo, su corazón es demasiado grande en proporción a su cuerpo. Al beber de las flores, ayudan a su polinización y, en consecuencia, a su multiplicación.

Un punto extra: su belleza. El color de sus plumas, generalmente verde brillante, es atractivo y hermoso como el jade, como una joya.

Los mexicas asociaban el concepto «belleza» con al menos tres elementos. Gracias a lo poético de su lengua, las palabras *quetzali* (pluma preciosa), *chalchihuitl* (jade) y *xochitl* (flor) se convertían en metáforas de «belleza». Lo verdaderamente bello.

Por extensión y lógica, el colibrí, que está hecho de plumas preciosas de color de jade, y que además se alimenta de las flores, es el ser más perfecto, más hermoso y más divino de toda la creación. Asimismo, valoraban un atributo más del colibrí: la capacidad de hibernar.

Motolinía dejó asentado que el *huitzitzilin*, como es su nombre náhuatl, queda «como adormecido y sin signo vital alguno» desde octubre hasta abril; es decir, durante los meses más fríos, en los que escasea el alimento. El colibrí duerme en espera de mejores tiempos. Su metabolismo se hace tan lento que el animal parece haber muerto. Cuando las condiciones vuelven a ser propicias, su metabolismo retoma su ritmo habitual y el colibrí «regresa a la vida». Es por ello que estas aves eran un magnífico símbolo de muerte y resurrección. O mejor dicho, de morir y volver a vivir. Fray Juan de Torquemada asegura que algunos religiosos utilizaron este singular fenómeno para explicarles a los nativos el misterio de la resurrección cristiana. Para los mayas, el colibrí era símbolo de la energía sexual, del dios del sol y encarnación de las almas de los guerreros muertos.

Con respecto al jade, hay que señalar que este mineral posee ciertas particularidades que lo hacen único. Su color verdoso, por ejemplo, se debe a una impureza en su constitución. Desde la prehistoria, en China y Mesoamérica se le considera un amuleto para la buena suerte. En la Nueva España se creía que contaba con poderes curativos; pensaban que curaba el dolor del hígado y los malestares causados por piedras en el riñón. Por otro lado, su dureza ayudó a que con él se fabricaran diversas armas y herramientas, además de que se creía que el propio Quetzalcóatl les había enseñado las técnicas para labrarlo. No es casualidad, por tanto, que el collar que la Virgen porta en la imagen sea precisamente de jade, pues esta piedra se consideraba relativa al cielo y al mar primordial. Es decir, al origen del mundo y de la vida. Para los mayas, estos dos lugares —cielo y mar primordial— eran la morada de los dioses creadores en su dimensión dual, celeste y acuática. Por último, y también para los mayas, los jades simbolizaban la puerta de entrada al lugar donde los tres niveles del universo se comunican. Ésta es una de las razones por las cuales la máscara mortuoria del rey Pakal (603-683), sepultado en Palenque, está elaborada con mosaicos de piedra verde.

En cuanto a *opochtli* —el segundo término que forma la palabra *Huitzilopochtli*— aludía a uno de los cuatro puntos cardinales.

Opochtli significa «zurdo». El punto cardinal que se encontraba a la izquierda era el sur, el *huiztlampa*: «el lugar de las espinas», el lugar del sacrificio o de la penitencia. Su guardián era Huitzilopochtli y el color con el que se le representaba era el azul o verde, como el jade. El sur, al ser el punto cardinal de Huitzilopochtli, representaba la vida, contrario al norte, que era el rumbo de los muertos, el *mictlampa*.

Como el «colibrí zurdo» dominaba «el lugar del sacrificio», y el sacrificio gana la vida, lógicamente no podía existir nada más noble y bueno que ayudar a que la vida continuara mediante el sacrificio, sobre todo considerando que, como *macehuales*, eran los «merecidos por la penitencia».

De igual modo, el corazón, al ser motor de un cuerpo (y teniendo en cuenta que el colibrí posee un corazón demasiado grande para su tamaño), era la ofrenda natural que se le podía ofrecer a Huitzilopochtli para ayudarlo a seguir viviendo y, así, garantizar la supervivencia de todos.

De ahí que la guerra era la actividad más noble que podía concebirse, y morir en sacrificio, el más alto honor al que alguien podía aspirar, pues estas muertes se transformaban en vida.

Por esta razón, quienes morían en la guerra o en un sacrificio recibían una bellísima recompensa: se convertían en hermosos colibríes cuyo premio consistía en pasar la eternidad bebiendo de las flores, que eran el corazón y el cuerpo de Dios.

Ometéotl

Las flores eran el corazón y el cuerpo de Dios. No existe forma más bella ni exacta para explicar lo que las flores significaban para los mexicas.

Este universo florido es amplio y muy variado debido a que incluye poesía, lenguaje y teología, por lo cual, para entenderlo, debemos comenzar por el principio: por la *raíz* de sus creencias divinas.

A pesar de lo que parece, y de lo que comúnmente se cree, los mexicas en realidad no eran un pueblo politeísta, sino que creían en un solo Dios. Sí, Dios con mayúscula, por ser único. Su nombre era Ometéotl, cuya etimología es profunda: *Ome*, dos; *teotl*, dios. El Dos Dios, Dios de la dualidad o, mejor dicho, Aquel que es perfectamente Uno.

Al observar el mundo, entendieron que toda la realidad está compuesta por elementos contrarios que aparentemente se contraponen, pero que, juntos, crean una sola unidad, un solo balance. Por ejemplo, el día y la noche, el frío y el calor, el sol y la luna, la felicidad y la tristeza, el agua y el fuego, el amor y el odio, el hombre y la mujer.

En términos físicos e incluso filosóficos, unos y otros son igualmente importantes. Ninguno es más que el otro (no es más el día que la noche), sino que se complementan. Se trata, justamente, de los contrarios-complementarios: hembra-macho, menor-mayor, fetidez-perfume, arriba-abajo, humedad-sequedad, debilidad-fuerza, sexualidad-gloria, agua-hoguera. En pocas palabras, los opuestos vueltos unidad, balance.

Bajo esta lógica, la vida, el gran balance de toda la creación, debía provenir de un solo sitio. Dedujeron que más arriba de este mundo, más allá de esta aparente lucha de polos, debía existir un principio único; un único origen que, creando todo, no necesitara de nadie más para hacerlo. Un motor primero cuya esencia fuera la armonía. Así fue como llegaron a la conclusión de que debía existir *algo*, *alguien*: Ometéotl, y esta idea era a la vez sencilla y complicada. Sencilla por sí misma pero difícil de entender a causa de las propias limitaciones del ser humano.

En su concepción, Ometéotl era tan grande y abarcaba tanto que se volvía ininteligible. A la propia mente del ser humano, limitada por naturaleza, le resultaba imposible comprenderlo en su verdadera dimensión. Era, por tanto, el gran desconocido. Sin embargo, por medio de la filosofía, pero sobre todo por medio de la poesía, los hombres podían intentar acercarse a su comprensión.

Para ello se valieron de muchos medios. Ésta es la razón por la cual la leyenda de los Cinco soles y la historia del nacimiento de Huitzilopochtli al parecer se contraponen (¿quién es el sol: Nanahuatzin o Huitzilopochtli?), aunque en realidad se complementan: estaban tratando de explicar un solo hecho tan grande que utilizaron dos ejemplos distintos entre sí para explicar una sola idea: el sol representa lo divino.

Para acercarse a la naturaleza de Ometéotl, los sacerdotes comenzaron a crear, a deducir otros nombres más concretos y específicos que resultaran más comprensibles para el ser humano, y lo hicieron del mejor modo que pudieron: por medio de la poesía. Así, lo llamaron *Tloque Nahuaque*: «Señor del Cerca y del Junto»; *Ipalnemohuani*: «el que viviendo crea la vida»; *Moyocoyani, Teyocoyani, Tlayocoyani*: «el creador de sí, de las personas y de las cosas»; *Ilhuicahua, Tlaltipaque Mictlane*: «dueño del cielo, de la tierra y del mundo de los muertos»; *Tezcatlanextia*: «el espejo que hace aparecer las cosas»; *Teyocoyani*: «Inventor de hombres»; *In tonam, in tota*: «nuestra madre-nuestro padre»; *Ilhuicahua*: «dueño del cielo».

La lista de nombres es muy abundante e incluye a *Tonacatecuhtli* (señor del sustento), el dios mexica de la creación y de la fertilidad, quien dividió al mundo en tierra y mar, y quien además creó a *Ometecuhtli* y a *Omecihuatl* (dos señor y dos señora, respectivamente). *Ometecuhtli* y *Omecihuatl* eran la esencia masculina y femenina de la creación, los que juntos hacían posible el balance, los que juntos habían creado la vida en este planeta. También eran los padres de Xipetótec, Tezcatlipoca, Quetzalcóatl y Huitzilopochtli, los cuatro dioses fundamentales o cuatro tezcatlipocas que dominaban cada uno de los puntos cardinales.

Ometéotl era conocido igualmente como *Tonacacíhuatl* (el complemento femenino de *Tonacatecuhtli*) y *Yohualli-ehécatl*, cuyo significado poético es «uno que es invisible como la noche e impalpable como el viento».

En fin, Ometéotl era llamado de muchos modos para tratar de entenderlo o volverlo más sencillo para la mente humana. Pero detrás de todos estos nombres y de todas estas especificaciones, se encontraba el Dios único, el creador perfecto, el motor primario de toda la creación en quien ellos creían.

El culto a este Dios era antiguo, aunque era también muy particular: no toda la gente lo conocía. No tenía ni un solo templo y se hablaba de él básicamente en las clases altas. Tal vez su aspecto más visible se encontraba en la cima del Templo Mayor, donde se levantaban —como ya explicamos— dos adoratorios o templos gemelos, uno dedicado a Huitzilopochtli y otro consagrado a Tláloc. El lado dedicado al dios colibrí representaba a Coatepec y el lado de Tláloc a Tonacatépetl o cerro de los mantenimientos.

Estas dos construcciones reflejaban su visión del universo: la aparente lucha que en realidad es un complemento entre frío y calor, día y noche, agua y fuego, etcétera. Es decir, el balance perfectamente ejemplificado: Tláloc se asociaba con la lluvia, el agua, los granos y la agricultura. En una palabra, con la subsistencia. Por su parte, relacionaban a Huitzilopochtli con la guerra o, lo que es lo mismo, con la muerte. El espacio superior, ocupado por las dos capillas simbolizaba el *Omeyocan*, el lugar donde reside la dualidad y, en consecuencia, Ometéotl: la armonía.

Incluso en las etapas más antiguas de la construcción del templo ya se encuentran vestigios de esta dualidad, lo que demuestra que el conocimiento de este único Dios es al menos tan antiguo como la ciudad. De hecho, era mucho más antiguo, pues algunas crónicas hablan de la ayuda que recibieron de parte de *Ipalnemohuani*, «el Señor del mundo», en su peregrinar por grandes extensiones del actual territorio mexicano. Estas fuentes, implícitamente, le atribuyen un evidente monoteísmo a este grupo bárbaro. Incluso, afirman que fue gracias a la ayuda de este ser supremo que lograron fundar la ciudad de Tenayuca, lo cual ocurrió a finales del siglo XII.

Si el Templo Mayor representaba el balance, Ometéotl era *el balance* mismo.

Una de las pruebas de su existencia quedó registrada en la poesía. Nezahualcóyotl, *tlatoani* de Texcoco, lo menciona en su obra y lo llama *Tloque Nahuaque* y también *Ipalnemohuani.* En uno de sus versos dice: *Xochitica oo tontlatlacuilohua, in Ipalnemohuani* (Con flores escribes, creador de la vida). El famoso príncipe-poeta creía en un Dios único, invisible, que no deseaba sacrificios humanos.

De igual modo, en los *Cantares mexicanos* podemos ver cómo se habla de Él sin llamarlo por su nombre:

En ningún lugar puede ser
la casa del sumo árbitro;
en todo lugar es invocado,
en todo lugar es venerado;
se busca su renombre, su gloria en la tierra.
Nadie puede ser,
nadie puede ser amigo
del que hace vivir a todo;
solamente es invocado,
sólo a su lado y junto a él
puede haber vida en la tierra.

En la historia tolteca-chichimeca se narra la manera como, en pleno siglo XII, los chichimecas (nómadas bárbaros) azotaban a los ya en decadencia pero aún refinados toltecas. «Por eso los toltecas suplicaron a su dios y amo llorando de tristeza y de tribulaciones y le dijeron: señor nuestro, amo del mundo, por quien todo se vive, nuestro creador y hacedor, ¿ya no nos brindarás aquí tu protección?»

Al respecto, uno de los testimonios más valiosos que tenemos es el del historiador Diego Muñoz Camargo quien, nacido en 1529, fue uno de los primeros mestizos (hijo de conquistador y mujer mexica) que se preocuparon por escribir sobre su entorno. Él afirma: «Será razón que tratemos del conocimiento que tuvieron de un solo Dios y una sola causa, aquel que era sustancia y principio de todas las cosas. Y es así que, como todos los dioses que adoraban eran los dioses de las fuentes, ríos, campos y otros dioses de engaños, concluían con decir: Oh Dios en quien están todas las cosas, que es decir el *Teotloquenahuaque* [...]. Este rastro tuvieron de que había un solo Dios, que era sobre todos los dioses».

Otra de las citas relevantes nos la ofrece la *Crónica mexicáyotl*, de Hernando de Alvarado Tezozómoc. Cuando algunos mexicas acudieron a Culhuacán para solicitar un gobernante para su incipiente ciudad de México-Tenochtitlan, el Señor de Culhuacán les respondió: «Que gobierne Acamapichtli a la gente del pueblo, a los aztecas, a los que son siervos de Tloque Nahuaque, el Dueño del cerca y del junto, que es Yohualli Ehécatl, noche, viento».

Ahora bien, si creían en un Dios único, ¿qué papel desempeñaban el resto de los dioses?

Para empezar, no debemos pensar en estos dioses a la manera tradicional, como sucede, por ejemplo, en la mitología griega o romana. Es más exacto concebirlos como energías. Es decir, no se trataba del dios del fuego, sino del fuego mismo. Eran simplemente una manifestación. Eran la manera como esa causa primera se hacía tangible en el universo. Además, los dioses mexicas eran más o menos semejantes al hombre y sin duda cercanos a él. Tanto, que solían escuchar y atender sus ruegos e incluso apiadarse, si la ofrenda o el sacrificio los satisfacía. El ser humano, mediante dádivas, podía influir en la decisión de un dios; podía alentarlo, incluso sobornarlo y hasta cierto punto controlarlo, para que realizara una acción en particular. También podía potenciarlo (incrementar su poder) mediante ciertas ofrendas. Los listones de colores que se le siguen colocando a las imágenes católicas tienen precisamente este origen prehispánico.

Los mexicas adoptaron deidades de diversos sitios. De Tula, por ejemplo, importaron a Quetzalcóatl, en tanto que Tláloc era una entidad que ya se veneraba en el valle de México cuando ellos arribaron. Algunos de sus dioses, de hecho, eran tan antiguos que ya se conocían en la cultura Olmeca. Durante sus intercambios culturales, incluso con los pueblos sometidos, asumían ciertas divinidades. No sustituían dioses ni obligaban a los demás a abandonar a los suyos. Jamás imponían creencias. Simplemente colocaban juntos a todos los dioses por igual. Había respeto y reconocimiento a la fe de los demás. Lo que sí hicieron, en cambio, fue elevar de categoría a sus dioses Huitzilopochtli y Coatlicue para igualarlos con los viejos dioses creadores, ya existentes en la zona.

Al creer en un solo Dios, las demás fuerzas eran sencillamente representaciones o facetas suyas. Es decir, se trataba de Ometéotl, pero con el aspecto o la máscara de cada uno de estos dioses. Era la manera como se manifestaba y se hacía entendible a los hombres. Por eso, durante la conquista no tuvieron inconveniente en aceptar a Jesucristo. Después de todo, era un aspecto más de Ometéotl. Lo que no podían concebir, mucho menos tolerar, era que todas sus creencias fueran malas o que estuvieran equivocadas, mucho menos que Ometéotl fuera el demonio, como se empeñaban en decirles los españoles.

Al respecto, Bernal Díaz del Castillo recuerda el momento en que Moctezuma los invitó a la cima del Templo Mayor; un gesto por demás honroso, pues no cualquier persona podía ascender a ella; de hecho, más tarde, el *huey tlatoani* tuvo que hacer penitencia y rezar para purgar el pecado que esto había significado. Estando arriba, Cortés, en tono de broma, le dijo a su anfitrión que no entendía cómo un gran señor y un sabio varón como era él seguía sin darse cuenta de que sus dioses eran en realidad demonios. Moctezuma, evidentemente molesto, le respondió: «Señor Malinche, si tal deshonor como has dicho creyera que habías de decir, no te mostrara mis dioses. Estos tenemos por muy buenos, y ellos nos dan salud y aguas y buenas sementeras y temporales y victorias cuantas queramos».

No existe duda alguna: los dioses mexicas eran esencialmente buenos, y ni hablar de Ometéotl.

In xochitl in cuicatl

A pesar de que Ometéotl era inmenso y por tanto incognoscible, existía un camino sencillo, muy bello y desde luego poético para acercarse a su esencia: las flores y los cantos.

In xochitl in cuicatl significa literalmente «la flor y el canto» o «en flor y canto». Según los estudiosos, estas palabras podían referirse a recitar un poema, leer un texto, un códice o un mapa, incluso a cantar. A este tipo de construcción gramatical se le denomina *difrasismo*.

Como ya he mencionado, el náhuatl es una lengua que posee altos vuelos poéticos y éste es el ejemplo por excelencia. Un difrasismo nace cuando dos palabras se unen para generar un significado ajeno a los dos términos originales.

Por ejemplo, *In mitl in chimalli* (flecha y escudo), que aparece en el Códice Mendocino, significa «guerra». Por su parte, N*ocozcahuan noquetzalhuan* (cuyo significado literal es «mis joyas, mis plumas preciosas») quiere decir «mis hijos»; es decir, mi tesoro: lo más hermoso y valioso que tengo.

Otros ejemplos de difrasismos son *In cueitl in huipilli* (falda y camisa), que equivalía a mujer, así como *In maxtlat in tilmalli* (capa y tilma), que denota al hombre. Un último caso: *In pétatl in icpalli* (la estera o el petate y el trono) se refiere al poder político, a la autoridad, a los *tlatoque*. Los difrasismos abundan en el náhuatl porque esta lengua es verdadera belleza en movimiento.

Por lo tanto, *In xochitl in cuicatl* era la forma por excelencia de llamar a la poesía, a la belleza, y era al mismo tiempo el camino o el medio perfecto para acercarse a Ometéotl.

La razón es que los cantos (por su ritmo) y las flores (por su hermosura) eran representaciones de Dios sobre la Tierra.

Tanto estimaban las flores, que llegaron a creer que ese ser supremo, Ipalnemohuani, el dador de la vida, poseía un gran códice en el que, por medio de cantos y flores, daba color a todo lo que existe en este mundo.

Los cantos y las flores eran sinónimos de la poesía porque ésta debe ser bella y poseer armonía al mismo tiempo. De hecho, en diversas pinturas murales ubicadas en Teotihuacan, las aves están dibujadas con flores en el pico, para significar canto, canto precioso. Flor y canto. Los mexicas creían que en la *xochitlalpan*, la tierra florida o paraíso, resonaban los *xochicuicatzin* o venerables cantos floridos. Pero había algo más, igualmente importante, que debemos subrayar, pues es la base de gran parte del hecho guadalupano: en náhuatl, la palabra *neluayotl* significa «raíz, principio, inicio o fundamento».

Textualmente se refiere a la raíz de una planta, pero en sentido figurado se relaciona con el principio de una cosa, con el inicio de una situación, con el fundamento de una idea. Es, sencillamente, el cimiento de algo.

De este término derivan *nelli*, que significa «verdadero», y también *neltilistli* o *nelliliztli*: «verdad», «la cualidad de estar firme», «bien cimentado». Lo inamovible. Incluso, de este mismo vocablo se deriva el verbo *nelhuayoa* que se traduce como «echar raíces» o «afianzarse».

Esto explica por qué, para los mexicas, sólo podía ser verdad y considerarse genuino aquello que estuviera bien arraigado, lo que tuviera fundamento, raíz o historia. Es decir, lo que sus padres y ancestros les hubieran enseñado. Lo demás era mentira, pues era nuevo, no estaba *enraizado* en el pasado ni en lo que ellos eran. Si no poseía ningún fundamento, ¿por qué habría de ser cierto?

Para llegar a conclusiones de carácter teológico utilizaron la lógica: si las flores son la parte más visible y hermosa de una planta, y sólo las plantas que poseen buenas raíces pueden dar buenas flores, Dios, la raíz primigenia de todo lo que existe y la auténtica verdad de toda la creación, sin duda estaba presente en las flores.

Una cosa más: el colibrí, que se alimenta de las flores, en realidad se alimenta de la verdad. Es decir, de Dios.

De ahí que sólo lo que tenía arraigo (raíz, tradición, lo que venía de sus antepasados) podía ser verdadero. En consecuencia, la doctrina cristiana era evidente y lógicamente falsa, porque era *nueva*, recién llegada, carecía de raíz y de cimiento. Simple y sencillamente era mentira. *Yancuic tlatolli* (palabra nueva) le llamaban ellos.

De un modo distinto, pero de una manera excepcionalmente bella, llegaron a la misma conclusión a la que llegó Aristóteles: Dios poseía cuatro atributos: unidad (la dualidad que en Ometéotl es armonía), verdad (representada en la raíz de las plantas y las cosas), belleza (la expresión visual de las flores) y bondad (la mostrada al crear al hombre y al Quinto Sol).

El que Juan Diego escuchara cantos que provenían de la cima del Tepeyac y que después encontrara flores, fue de verdad un hecho extraordinario en más de un sentido. Esto le bastó a él (y le bastaría más tarde al resto del pueblo mexica) para saber al instante que se trataba de un acontecimiento divino. Entendió que se hallaba en el «paraíso» —el *xochitlalpan,* «la tierra florida», «la tierra de las flores»— y jamás perdió esta certeza.

Un punto más: como los mexicas arribaron al altiplano como un grupo errante, lo primero que tenían que hacer para legitimarse era encontrar algún tipo de arraigo a esta tierra. Por ende, al momento de construir Tenochtitlan copiaron la traza de la ciudad de Teotihuacan, la cual llegó a ser la sexta urbe más grande del mundo. De hecho, debajo de los cimientos, es decir, en las raíces de sus edificios más importantes, los mexicas enterraron figurillas que trajeron de aquel lugar. En tanto, de Tula copiaron las artes, la filosofía y los oficios. En su afán por ser los mejores, imitaron a quienes consideraron que habían sido los mejores: por un lado, a los dioses que habían habitado Teotihuacan y, por el otro, a los virtuosos moradores de Tula. Así es: hicieron todo lo que estuvo a su alcance para ser los mejores, para obtener *raíces*, para volverse *verdaderos*.

* * *

El escenario ahora está completo. Todos los elementos de los que hemos estado hablando se encuentran íntimamente relacionados: las flores, los cantos, el sol, la luna, la guerra, los sacrificios, la poesía, la leyenda de los Cinco Soles, el Templo Mayor, Huitzilopochtli, incluso las ideas impuestas por Tlacaélel. Todos estos componentes, absolutamente todos, están presentes en el acontecimiento guadalupano. Fueron estos mismos elementos los que los mexicas encontraron en aquel ayate, por eso supieron que se trataba de un mensaje de Ometéotl. Un mensaje especialmente elaborado para ellos, pues sólo ellos podían entenderlo en su justa y completa dimensión.

Es necesario, sin embargo, hablar de algo más antes de continuar. Ese algo, ese alguien, desempeñó un papel fundamental tanto en la época prehispánica como en la conquista de México-Tenochtitlan.

Quetzalcóatl

Puede afirmarse que Quetzalcóatl fue el dios principal de toda la antigüedad mesoamericana. Lo conocían y le rendían culto, cuando menos, los olmecas, los toltecas, los mayas, los mixtecos y desde luego los mexicas.

Los toltecas lo tomaron de la cultura teotihuacana. Precisamente en Teotihuacan se localiza una de sus pirámides más famosas y bellas, la cual data del siglo II. Hoy se sabe que los habitantes de aquella urbe solían inundar la plaza de la Ciudadela, que se encuentra frente a la pirámide, para que el espejo de agua que se formaba simbolizara el mar de donde emerge la vida, al mismo tiempo que el propio edificio se convirtiera entonces en montaña sagrada de donde brotan precisamente el mar y la vida.

A este dios, incluso, se le conocía en lugares tan alejados como Nicaragua, donde existen pinturas rupestres en las que se le representa. Su fama era extensa; su culto, quizá el común denominador más evidente entre las culturas del mundo antiguo de la región.

Su nombre significa «serpiente emplumada», «gemelo precioso» o «serpiente hermosa». El quetzal, por el colorido de sus plumas, era una metáfora de la belleza. *Coatl*, en tanto, significa «víbora, serpiente», pero también gemelo o doble. Por esta razón, en México, al amigo se le llama «cuate»: el otro yo, una parte mía con la que me encuentro en el camino.

Por estar presente en tantos lugares, culturas y pensamientos, sus atributos e historias son abundantes y a veces se contradicen unas con otras. Los mexicas lo relacionaban con el planeta Venus. Ciertas leyendas posteriores afirman que se trató de alguien blanco y barbado.

Quetzalcóatl era dios y hombre. En algunos sitios se le consideraba un dios al igual que su hermano Tezcatlipoca, pero para otras culturas poseía una dimensión humana. Para los toltecas era una especie de «rey divinizado»: su último dirigente, Ce Acatl Topiltzin Quetzalcóatl, quien rigió entre los años 947 y 999 de nuestra era.

Los mayas lo llamaban Kukulcán y fue el fundador de la Liga Mayapán (unión de Estados, ciudades y señoríos con fines bélicos) y el conquistador de Chichén Itzá, razón por la cual ostenta su pirámide en aquella famosa zona arqueológica.

En general representaba la dualidad (era dos animales a la vez), incluso la dualidad de la condición humana. Es decir, la serpiente equivalía al cuerpo y las plumas al espíritu. Pero esta misma dualidad contenía algo terrible: bondad, pero también destrucción.

De los puntos cardinales, Quetzalcóatl regía el oeste y sus atributos eran la vida, la luz, la sabiduría, la fertilidad y el conocimiento, aunque en su faceta destructora implicaba la oscuridad e incluso la muerte. Por esta razón se le asociaba con el Sexto Sol.

Nuestra época (el Quinto Sol) podía desaparecer igual que las anteriores, a causa de errores humanos o de excesos divinos. Llegado este momento, Quetzalcóatl ejercería su doble dimensión: creadora y destructora, aunque, en este caso, primero la destructora.

A este dios se le llamaba también «estrella de la mañana». En muchas culturas alrededor del mundo se utiliza esta denominación para referirse al planeta Venus que, por su luminosidad, es el tercer cuerpo celeste más visible después del sol y la luna y puede ser visto incluso con la claridad del día. Quetzalcóatl, de hecho, era asociado con Venus.

En esta manifestación matutina, la serpiente emplumada era conocida como Tlahuizcalpantecuhtli (el señor en la aurora) y representaba la energía del amanecer y su color era entonces el tono sonrosado de la aurora. Bajo este semblante, se le dibujaba a veces como un esqueleto flechador. La denominación «estrella de la mañana» posee también diversos ecos bíblicos, así como una clara asociación con la advocación de la Virgen del Carmen.

Tlacaélel importó el culto de los toltecas. Entre los mexicas, Quetzalcóatl conservó ese carácter ambivalente: bondadoso y colérico al mismo tiempo.

Las antiguas leyendas aseguraban que fue él mismo quien le enseñó al hombre las cosas buenas y útiles. Sin embargo, cayó en la trampa de Tezcatlipoca, quien lo emborrachó y lo incitó a pecar. Cuando se dio cuenta de sus actos, lleno de vergüenza se autoexilió. Durante su destierro, por los sitios donde pasaba solía lanzar flechas que atravesaban los árboles. Estas flechas incrustadas se convertían en unos peculiares signos que después los indígenas verían en las manos de los españoles: cruces.

QUETZALCÓATL.[10]

Aún con el sabor de su falta, Quetzalcóatl fabricó una balsa con serpientes y comenzó a navegar por el mar rumbo al horizonte, donde se perdió o ascendió al cielo, pero antes empeñó su palabra: algún día regresaría a reasumir su reinado.

Cuando los españoles arribaron a Veracruz, varios acontecimientos coincidieron. Para empezar, era el tiempo en que esperaban el regreso de Quetzalcóatl. Además, habían sucedido ocho prodigios sobrenaturales que les avisaron a los brujos y adivinos que algo muy grande y terrible estaba por suceder. Señales como inundaciones, rayos repentinos salidos de ninguna parte, enormes columnas de fuego que comenzaban en la tierra y se perdían en el cielo, animales extraños que eran avistados y después simplemente se esfumaban, incendios que comenzaban de la nada, personas deformes que aparecían y desaparecían a la vista de todos, cometas misteriosos que surcaban el cielo de Occidente hacia el Oriente.

Del mismo modo en que una señal —el águila posada sobre un nopal— los había conducido a la gloria, era posible que otra señal les anunciara que su fin estaba cerca. Y así fue, pero lo que ocurrió no fue una sola señal, sino una serie de ellas.

Sin embargo, la más aterradora fue también la que se volvió leyenda y persiste hasta nuestros días: «Una voz de mujer que muchas veces, durante muchas noches, se escuchó llorando y diciendo entrecortadamente en medio de un mar de lágrimas, sollozos y gritos: "¡Hijos míos! ¡Nuestra pérdida es total y segura!". Otras veces decía: "¡Hijitos míos! ¿Adónde podré llevarlos y ocultarlos?"».

Esta señal, consignada por fray Bernardino de Sahagún es, en efecto, el primer antecedente escrito que se tiene sobre La Llorona, y tanto impactó a los mexicas que el propio Moctezuma, ante la incertidumbre de la aparición, solicitó que, si alguien se la llegara a topar de frente, le preguntara por qué lloraba y gemía. Hubo quienes la identificaron con la diosa Cihuacóatl, la mujer serpiente.

Los adivinos lo sabían: *algo* sucedería muy pronto.

Por este motivo, ante las noticias de que hombres extraños habían llegado a las costas, Moctezuma, *huey tlatoani* de México-Tenochtitlan, ordenó que se les pusiera a prueba. La idea era saber si se trataba de aquel antiguo dios que regresaba. Sin siquiera saberlo, Hernán Cortés y el resto de los españoles pasaron todas las pruebas a las que fueron sometidos. Moctezuma, temeroso y completamente seguro de que Quetzalcóatl había vuelto, hizo algo desesperado: le envió regalos con la intención de sobornarlo y así convencerlo de que se marchara. Era común que las ofrendas ofrecidas a un dios buscaran influirlo, conmoverlo, incluso sobornarlo para que cumpliera alguna petición. Es lógico que Moctezuma lo haya intentado con Cortés.

Los regalos, entre los que se contaban plumajes hermosísimos, telas bordadas, pedrería vistosa, verdaderas obras de arte elaboradas por los mejores artesanos y joyeros, pero sobre todo abundantes cantidades de oro y plata, provocaron el efecto contrario.

Ante aquellos tesoros, se dice que Cortés exclamó: «Los españoles somos afligidos por una enfermedad del corazón que sólo el oro puede remediar».

Los conquistadores

Hernán Cortés Monroy Pizarro Altamirano nació en Medellín, municipio español perteneciente a la provincia de Badajoz, en 1485. Tenía siete años cuando Cristóbal Colón llegó al Continente Americano. A los treinta y cuatro, entró a la ciudad de Tenochtitlan. Dos años después, conquistó aquella gran urbe.

Es simplista satanizar a los conquistadores españoles. Durante siglos hemos mantenido una relación de amor-odio con España. Por un lado, se le llama «La Madre Patria», por el otro, se le repudia. Durante una buena cantidad de años fue una especie de ritual acudir cada 12 de octubre a la estatua de Colón, ubicada en el Paseo de la Reforma de la Ciudad de México, con el fin de apedrearla.

¿Descubridores, evangelizadores, saqueadores, invasores? ¿Quiénes eran aquellos hombres que llegaron del otro lado del mundo en el siglo XVI y se apoderaron de gran parte de este continente?

Marcha de los españoles hacia Mexico-Tenochtitlan.[11]

Ante todo, los conquistadores eran hombres comunes, pero inmersos en su tiempo. Estaban educados bajo los últimos vestigios de la Edad Media, apenas comenzaban a asomarse al incipiente Renacimiento, se encontraban regidos por una Inquisición absolutamente inflexible y habían desarrollado, como una especie de defensa, un notorio recelo a todo lo que fuera diferente. Esto último, a causa de la dominación musulmana que sufrieron desde aproximadamente el año 711 y que en lo político no se terminarían de sacudir sino hasta los últimos decenios del siglo XVI.

Es complicado juzgar las acciones cometidas por estos hombres. Incluso entre sus contemporáneos, las opiniones eran buenas o malas, blancas o negras; no existían términos medios. Bartolomé de las Casas, por ejemplo, escribió que todas las conquistas eran y serían siempre injustas por naturaleza. Que los españoles eran los grandes usurpadores; que quienes poseían esclavos se encontraban en pecado mortal; que ni siquiera el rey tenía la autoridad para justificar semejantes atrocidades, y que todo lo que llegaba a España procedente de estas tierras era sencillamente robado. Inclusive, afirmaba con seguridad que quien deseara salvar su alma debía por fuerza devolver todo lo que había sustraído de este lado del planeta.

En contraste, el dramaturgo y poeta Lope de Vega (1562-1635) alabó el legado de Cortés al escribir:

> Cortés soy…
> Di a España triunfos y palmas
> con felicísimas guerras,
> al rey infinitas tierras
> y a Dios infinitas almas.

A su vez, el franciscano Toribio de Benavente, Motolinía, escribió del mismo Cortés: «Aunque como hombre fue pecador, tenía fe y obras de buen cristiano».

De hecho, los franciscanos en general —primeros evangelizadores de esta tierra— fueron sumamente benignos con el trato que, en sus crónicas, le dieron a Hernán Cortés. Esto se debió a los muchos favores que recibieron de su parte. Para el conquistador, los franciscanos fueron una especie de refugio, pues su relación con los dominicos jamás fue la mejor. En agradecimiento, los discípulos de San Francisco lo exaltaron hasta el extremo en todos sus escritos. Lo compararon, por ejemplo, con Moisés, pues —aseguraban— había liberado a los nativos de la esclavitud de la idolatría y los había conducido a la tierra prometida que era la creencia en el verdadero Dios.

Ni siquiera los propios españoles, mucho menos los europeos en general, estaban de acuerdo: ¿los conquistadores eran héroes o eran villanos?

Lo cierto es que se trató de un tiempo y de un espacio muy particular. El mismo Bartolomé de las Casas, antes de volverse fraile, tuvo esclavos. Debió presenciar actos de crueldad despiadada, como una sangrienta matanza en Cuba, para arrepentirse de su pasado y abrazar con pasión la defensa de los indios, pero sólo hasta entonces.

Los conquistadores no fueron héroes ni villanos. Fueron hombres de su tiempo, para bien y para mal.

España misma era entonces diferente. Muy lejos de lo que es ahora, se trataba de una serie de reinos, algunos de los cuales habían alcanzado cierta unidad. Luego de casi ochocientos años de batallas en contra del mundo árabe, los pueblos españoles se encontraban desgastados en muchos sentidos. Su economía no era precisamente la mejor y la unidad estaba lejos de alcanzarse.

Aunque el sueño de un solo reino que gobernara toda la península era por demás antiguo, la realidad distaba mucho de la utopía. El territorio estaba ocupado aún por las monarquías de Portugal, Navarra, Aragón y Castilla. El matrimonio de Isabel I de Castilla y Fernando de Aragón —los reyes católicos—, por ejemplo, logró unificar la dinastía entre ambas coronas apenas en 1469. Unificación dinástica, sí, pero no política, porque cada uno gobernó exclusivamente su propio reino, aunque en la práctica, Aragón quedó bajo las órdenes de Castilla. Tiempo después, lograrían incorporar a Navarra.

El rey Fernando no era ningún debilucho. De hecho, su manera de gobernar —con una astucia tal que rayaba a veces en malicia— influyó a Maquiavelo al momento de escribir *El príncipe*. Gracias a la visión de los monarcas, la reconquista o expulsión de los árabes fue finalmente posible: en 1492 cayó Granada, el último bastión musulmán. A manera de celebración, en ese mismo año expulsaron de la península a los judíos, que mucho habían tenido que ver con la expansión de los moros. Los judíos conversos al cristianismo recibieron autorización para permanecer en España, pero fueron perseguidos por la Inquisición; los que se fueron, no podían regresar: «Acordamos mandar salir a todos los judíos y judías de nuestros reinos y que jamás tornen ni vuelvan a ellos ni alguno de ellos», sentencia el decreto, que no deja lugar a dudas. Así, sin un poder económico que les hiciera contrapeso, o lo que es lo mismo, una vez sin judíos, la monarquía encarnada en los reyes católicos se convirtió de pronto en el único y verdadero poder.

El costo de estas victorias fue enorme, sin embargo: con los judíos se marchó también un considerable capital económico y humano. La pérdida de los árabes, en tanto, les repercutió especialmente en el campo, a causa de la escasez de trabajadores. Estas carencias tuvieron que ser remediadas al permitir la entrada de nuevos inversionistas, todos extranjeros, sobre todo italianos y alemanes.

Europa en general se encontraba sobreviviendo a una fuerte crisis cuyos estragos aún se percibían (el desmedido control de precios provocó primero carestía y después, a mediados del siglo XV, una fuerte hambruna, que junto con la peste diezmó a la población y, en consecuencia, a la mano de obra). España, empero, logró levantarse gracias a un acontecimiento afortunado: el descubrimiento de América.

Es cierto que en un principio los reyes no tuvieron una idea clara sobre qué es lo que se habían encontrado, pero en cuanto comenzaron a percibir la magnitud del hallazgo, hicieron todo lo que estuvo a su alcance para apoderárselo por completo, y el medio más práctico y eficiente que encontraron para hacerlo fue la Iglesia.

La relación de los reyes con el poder eclesial siempre fue peculiar. Isabel y Fernando eran primos segundos, por lo tanto, para contraer matrimonio requerían forzosamente una dispensa papal. Dado que Paulo II no consintió el enlace, y que aquel matrimonio más que por amor era por conveniencia política tanto de Castilla como de Aragón, decidieron saltarse los impedimentos y falsificaron el permiso. De esta manera, ella de dieciocho años y él de diecisiete, comenzaron su vida como esposos el 19 de octubre de 1469 sin el visto bueno por parte del papado.

Desde un principio resultaron evidentes las ansias expansionistas de los monarcas. No solamente se apoderaron por completo de las Islas Canarias y de algunas plazas en África continental, sino que muy pronto desearon un bien mayor: controlar a la Iglesia. O al menos poseer un control parcial sobre ella, pues consideraron que la gran institución eclesiástica era la única que poseía los medios suficientes para cuestionarlos o incluso para combatirlos.

Isabel pretendió adjudicarse una potestad muy especial, la de nombrar obispos a su antojo. Desde luego, el Papa en turno, Inocencio VIII, no consintió tal deseo. Sin embargo, cuando el propio pontífice requirió ayuda militar y asistencia política para gobernar en Italia, y en su desesperación acudió al rey Fernando, las condiciones para auxiliarlo se dieron por entendidas. Fue así como les fue concedido a los monarcas el derecho de «patronato». Es decir, la facultad de elegir a los obispos que habrían de ser destinados a la región de Granada. Precisamente gracias a la toma de Granada, el mismo Inocencio les otorgó el título de «reyes católicos».

El Papa Inocencio VIII fue un hombre peculiar. Fue designado Papa en 1484. Su primera acción como pontífice fue convocar a una cruzada en contra de los turcos. Por desgracia para él, todos lo ignoraron. Para ejemplificar su gran nepotismo, basta recordar un peculiar caso: Giovanni de Médici, hermano de su nuera, a quien nombró cardenal a pesar de sus escasos trece años de edad. El padre de Giovanni, Lorenzo el Magnífico, regente de Florencia y consuegro del Papa, deseaba a toda costa que su pequeño hijo labrara una prominente carrera dentro de la Iglesia y no escatimó esfuerzos para lograrlo: así, cuando tenía siete años, el niño Giovanni recibió la tonsura, a los ocho ya administraba una abadía y a los nueve fue nombrado protonario apostólico (es decir, prelado honorario, electo por el Pontífice en persona).

No extraña, entonces, que a los trece años, el propio Inocencio lo nombrara cardenal, y extraña menos aún que el siguiente peldaño de su carrera fuera la silla de San Pedro. Así fue: en 1513, y a la edad de treinta y ocho años, Giovanni de Médici ascendió al trono papal con el nombre de León X.

El que el Papa Inocencio VIII tuviera hijos no es motivo de escándalo. La obligatoriedad del celibato sacerdotal se estableció hasta ochenta años después, en 1563, durante el Concilio de Trento.

Volviendo a la historia de Inocencio, hay que decir que una de sus grandes preocupaciones fue la brujería. Promulgó la bula *Summis desiderantes affectibus* (*Deseando con supremo ardor*) en 1484, en la que reconocía la existencia de esta oscura práctica (anteriormente, el simple hecho de creer que existía se consideraba una herejía). «Muchas personas —dice el documento— de uno y otro sexo, despreocupadas de su salvación y apartadas de la fe católica, se abandonaron a demonios, íncubos y súcubos, y con sus encantamientos, hechizos, conjuraciones y otros execrables embrujos y artificios, enormidades y horrendas ofensas, han matado niños que estaban aún en el útero materno».

Dos notorios efectos tuvo esta bula: el envío de dos feroces inquisidores a Alemania, quienes realizaron la primera cacería de brujas de la historia y, ocho años más tarde, que todas las manifestaciones religiosas (principalmente los sacrificios humanos) que los españoles encontraron en el Nuevo Mundo se consideraran obra del demonio y fueran castigadas con rigor y sin piedad.

Lo cierto es que gracias a esta bula papal, la orden dominica publicó poco después la famosa *Malleus*

Maleficarum (*El martillo de las brujas*), obra que, aunque nunca fue un instrumento reconocido por la Iglesia, en la práctica se convirtió en el manual que el Tribunal de la Inquisición del Santo Oficio utilizó para cazar brujas en el Continente Europeo durante al menos doscientos años.

Incluso la muerte del Papa Inocencio VIII fue polémica: falleció luego de un fallido intento de transfusión oral en la que se utilizó la sangre de tres niños, los cuales también murieron a causa de un choque hipovolémico, que ocurre cuando la cantidad de sangre en el cuerpo es insuficiente para que el corazón continúe bombeando.

Vale la pena detallar la historia: en julio de 1492, el Papa cayó en coma. Un médico judío sugirió un novedoso procedimiento para salvarlo: le administraría por la boca la sangre de tres infantes. La razón de que fuera por vía oral se debió a que aún se desconocía el aparato circulatorio del cuerpo humano. A cada uno de los niños, de diez años de edad, se le prometió un ducado de oro. Nadie imaginó que morirían en el intento. Este caso es considerado por la medicina como el primer intento de transfusión sanguínea de que se tenga registro. La muerte de Inocencio sobrevino tan sólo unos meses antes del descubrimiento de América.

Éste era, pues, el panorama general de España y de la Iglesia europea cuando Cristóbal Colón —que buscaba llegar a Asia por el Occidente— arribó al Nuevo Mundo.

Existía gente buena y recta, desde luego, pero el escenario europeo era oscurantista en gran medida, corrupto en lo religioso, desmedidamente ambicioso en lo político, y sin duda expansionista. Sobre estas bases fueron educados los primeros hombres que pisaron este continente. No es de extrañar, entonces, que tanto conquistadores como misioneros hayan encontrado demonios y herejías en toda manifestación cultural y religiosa con que se toparon en estas tierras. Si absolutamente todo lo que los conquistadores y frailes observaban en el Nuevo Mundo era obra del demonio, no es complicado entender la razón por la cual, al menos en un principio, se dieron a la tarea de destruir todo sin tratar de entenderlo antes. La devastación fue sólo una consecuencia de las ideas con que fueron educados.

No le fue sencillo a Colón obtener el apoyo para realizar su primera expedición. Tanto Portugal como España, e incluso algunos hombres adinerados independientes, se mostraron interesados en el proyecto, pero ninguno se atrevía a apoyarlo económicamente.

Al final, luego de varios años de negativas, los reyes católicos accedieron a financiarlo, y lo hicieron con dinero proveniente de un préstamo privado, pues las arcas reales estaban en serios problemas. Colón se hizo a la mar el 2 de agosto de 1492. Curiosamente, la fecha límite que les habían fijado a los judíos para salir de España luego de su expulsión. El navegante partió a su aventura luego de firmar un contrato en que se le reconocía el título de almirante en todas las tierras que descubriese, así como el título de virrey y gobernador general también en todas las islas o tierras firmes que llegara a encontrar. Tanto el cargo de almirante como el de virrey eran hereditarios. En el mismo convenio se le otorgaba el derecho de conservar el diez por ciento de todo lo que hallase o ganara en dichas tierras.

Meses después, cuando Colón les reveló en una carta que existían muchos pueblos muy ricos en oro y diversos metales preciosos en el otro lado del mundo, los reyes no sólo se dieron cuenta del potencial de aquellos territorios, sino del error que cometieron al concederle tantas atribuciones. Por tanto, comenzaron a enviarle una enorme cantidad de empleados cuya finalidad, prácticamente única, era estorbarlo para acotar sus poderes. Fue así como la burocracia, uno de los grandes males de los países latinos, llegó para quedarse.

* * *

Cuando la noticia del descubrimiento de nuevos territorios se hizo pública, el mundo cambió para siempre. No podía ser de otra manera. El explorador Américo Vespucio escribió: «Al sur de la línea equinoccial, en donde los antiguos declararon que no había continente, sino un solo mar llamado Atlántico [...] yo he encontrado países más templados y amenos, de mayor población que cuantos conocemos. Es la cuarta parte de la Tierra».

La cuarta parte de la Tierra. Las posibilidades eran infinitas. La pregunta inevitable fue qué hacer con esos territorios y con los miles de *seres* que la habitaban. ¿Quiénes eran esos *seres*? ¿A quién le pertenecían esas tierras?

Los reyes católicos, desde luego, levantaron la mano y aprovecharon una oportunidad única que les regaló la historia.

Para entonces existía un nuevo pontífice. Se trataba de Rodrigo de Borja, o Borgia, quien había llegado al papado gracias a las intrigas de su familia y se mantenía en ese lugar por las mismas razones.

Ya con el nombre de Alejandro VI, se inmiscuyó en toda clase de asuntos turbios con tal de consolidar a su dinastía dentro de la península itálica. Cuando sus enredos estaban por aplastarlo, solicitó ayuda al único hombre que tenía el poder suficiente para salvarlo: el rey Fernando, quien le tendió la mano, aunque no de manera gratuita. A cambio, el Papa Alejandro VI le entregó el tesoro más grande que podía concebirse: el Nuevo Mundo.

En aquellos tiempos, se consideraba al Papa como un árbitro válido en los conflictos internacionales y las disputas por las rutas marítimas. Por esta razón, emitió las llamadas Bulas Alejandrinas: cuatro documentos pontificios en los cuales le otorgó a los reyes católicos el derecho de conquistar el Nuevo Mundo, pero también la obligación de evangelizar a sus pobladores.

En realidad, sólo Portugal y Castilla poseían las condiciones necesarias para aspirar a la conquista: economía, ubicación geográfica, flota naval adecuada con marineros calificados y un sistema político apropiado.

España tomó la delantera por tres razones fundamentales: la lana que producía Castilla era el petróleo de nuestro tiempo, su dominio sobre Italia le significaba más naves y marinos y, por último, el enorme favor que el Papa les debía a los monarcas. De hecho, fue el propio Rodrigo de Borja quien les facilitó (falsificó) el permiso para que los reyes pudieran casarse. A cambio obtuvo puestos eclesiásticos de poder y títulos nobiliarios para su familia.

El contenido de las bulas fue simple: se concedió a los reyes el dominio exclusivo sobre las tierras descubiertas y por descubrir en las islas y tierras firmes del Mar Océano. Inclusive, se decretaba la excomunión a todo aquel que viajara al Nuevo Mundo sin el permiso de los reyes. El precio para España era la obligación de llevar el Evangelio a los hombres de aquellos territorios. Todo esto fue decidido por el Papa pues, como se trataba de tierra de infieles, sólo el pontífice, Vicario de Cristo, tenía la autoridad para hacerlo.

Sin embargo, ni Francia ni Inglaterra reconocieron estos documentos. Si no reconocían la autoridad del Papa en asuntos religiosos, muchos menos en estas cuestiones, así que decidieron comandar sus propias expediciones por los medios que estuvieron a su alcance, incluyendo la piratería.

Portugal, mientras tanto, el principal afectado por las bulas, negoció con España. Su premio de consolación no fue nada despreciable: una gran parte del actual territorio del Brasil.

Con estos antecedentes por delante, Europa se embarcó para apoderarse del que sería llamado Continente Americano.

La llegada

«Les dieron a los españoles banderas de oro,
banderas de plumas de quetzal, collares de oro.
Se les puso risueña la cara,
se alegraron mucho,
estaban deleitándose.
Como si fueran monos levantaban el oro...»

Bernardino de Sahagún*

Éste es un fragmento del libro *Historia general de las cosas de la Nueva España,* de fray Bernardino de Sahagún, escrito con los testimonios que el religioso recogió de propia boca de los antiguos pobladores del país; sus informantes. En efecto, justo así es como los mexicas percibían a sus crueles conquistadores.

---

* Sahagún, Bernardino de. *Historia general de las cosas de la Nueva España.* Editorial Porrúa, México, 1975.

Primero creyeron que los españoles eran dioses y los recibieron como dioses. Después, muy tarde, se enteraron de toda la verdad.

Sin embargo, no sólo desembarcaron en América un montón de europeos codiciosos y desalmados; vino también gente bondadosa que se entregó por entero a la lucha por la defensa y la dignidad de los americanos.

La llegada de los europeos significó un cambio definitivo para todo el continente. El impacto debió ser monumental.

Los nativos vieron llegar desde el horizonte unos enormes objetos de los cuales descendían seres extraños provistos de armas como trueno (pólvora), que contaban con animales misteriosos (caballos) y que portaban brillantes e impenetrables ropajes (las armaduras). Los españoles, en tanto, se toparon con extensos territorios poblados por cientos de miles de hombres con culturas extraordinarias; hombres que hablaban innumerables lenguas, todas ellas, gramaticalmente maravillosas, pero que en cuestión técnica se encontraban aún en el neolítico.

Hablar de «la conquista de México» tiene partes de verdad y partes de exageración. Cuando Hernán Cortés pisó esta tierra, México todavía no existía como nación (es por esto que no puede hablarse de una *traición* por parte de los pueblos que combatieron a los mexicas y apoyaron a los conquistadores).

Lo que había era una serie de culturas, pueblos y asentamientos con una riqueza infinita, pero, salvo excepciones, sin ningún tipo de unidad entre sí. Existía, en cambio, la gran capital de los propios mexicas llamada México-Tenochtitlan, su ciudad gemela México-Tlatelolco y la coalición de estados indígenas —Triple Alianza— que Tenochtitlan integraba con Tlacopan (Tacuba) y Texcoco. En la práctica, sin embargo, hablar de la «conquista de México» se refiere casi exclusivamente a la caída de la imponente urbe llamada Tenochtitlan.

La razón es que esta ciudad era tan impresionante y poderosa en todos los sentidos que los demás pueblos la consideraban invencible. Cuando finalmente fue tomada por los españoles, el resto de los pueblos envió mensajeros para que atestiguaran con sus propios ojos lo que ya se comentaba con sorpresa y horror en todo el territorio: la imbatible ciudad había sido derrotada. ¿Era esto posible?

Cuando la noticia se confirmó, buena parte del resto de las civilizaciones se rindieron prácticamente sin luchar. Si Tenochtitlan había sido vencida, nada se podía hacer. Los dioses habían regresado.

* * *

Hernán Cortés llegó al actual suelo mexicano en la primavera de 1519. Para entonces, España ya podía considerarse una nación prácticamente unificada.

Tras la muerte de la reina Isabel, en 1504, el trono de Castilla quedó vacante. Dado que la unificación de Aragón con Castilla era simplemente dinástica, el rey Fernando no tenía atribuciones sobre los territorios que su esposa había gobernado. Por tal motivo, se designó monarca de Castilla a la hija de ambos reyes: Juana I, la famosa Juana «La loca», quien, junto a su marido, Felipe «El hermoso», gobernó durante un breve tiempo.

Brevísimo tiempo en realidad, pues menos de dos años después sucedió una desgracia: luego de un intenso juego de pelota, Felipe comenzó a tomar abundante agua helada. Esto bastó para tumbarlo en cama y llevarlo a la tumba. Los rumores decían que había sido envenenado por su ambicioso suegro. Investigaciones recientes, sin embargo, sugieren que murió a causa de la peste.

Lo cierto es que la salud mental de Juana se deterioró al extremo de ser declarada incapaz de gobernar, por lo que el reino de Castilla, muy a su pesar, nombró regente al rey Fernando. Juana, por su parte, no perdió el título de reina, aunque vivió el resto de su vida encerrada. Primero por orden de su padre, después, por mandato de uno de sus seis hijos, el nuevo rey de España, Carlos I. Al final, Juana «La loca» falleció en 1555, a los setenta y cinco años.

Carlos I nació en cuna de oro y diamantes. Antes de que cumpliera un año, su padre, Felipe, ya lo había nombrado Duque de Luxemburgo y Caballero de la Orden borgoñona del Toisón de Oro.

Por el mero privilegio de haber nacido en el tiempo correcto y con la familia adecuada, se convirtió en uno de los reyes más importantes de la historia universal, pues gobernó uno de los imperios más extensos, ricos y extraordinarios que han existido. Heredó los reinos de sus cuatro abuelos, incluidos los territorios descubiertos y por descubrir del Nuevo Mundo.

Llegada de los españoles.[12]

Cuando Cortés llegó al actual México, Carlos tenía diecinueve años, y sus títulos eran «Carlos I de España y V del Sacro Imperio Romano Germánico». La rimbombancia, desde luego, iba más allá: Emperador del

Sacro Imperio Romano Germánico, rey de España, Nápoles, Sicilia y Cerdeña, duque titular de Borgoña y archiduque de Austria.

El que Hernán Cortés se haya presentado como emisario de un poderoso rey que se encontraba más allá del horizonte, no fue ninguna mentira, pero para los nativos sólo podía significar una cosa: el retorno de los dioses. Las profecías se habían cumplido.

Mensajeros llevan la relación de la llegada de los españoles a Moctezuma.[13]

Mientras Carlos reinaba sobre un vasto territorio, Moctezuma, *huey tlatoani* de los mexicas, hacía lo propio con otro imperio no menos importante.

Moctezuma Xocoyotzin, también llamado Moctezuma II para diferenciarlo de Moctezuma Ilhuicamina, quien gobernó Tenochtitlan entre 1440 y 1469, tenía cincuenta y tres años cuando arribaron los españoles, aunque Bernal Díaz del Castillo lo describió como un hombre de «hasta cuarenta años». El historiador mestizo Diego Muñoz Camargo afirmó que *Moctezuma* significa «señor sobre todos los señores».

Al parecer, la fonética náhuatl más cercana a su nombre era Motecuhzoma. A veces era llamado Motecuhzomatzin, lo cual se debe a una razón muy importante.

En náhuatl, existen muchas formas de cortesía. Tal vez demasiadas para nuestro moderno sistema de pensamiento. De ese exceso de cumplidos proviene la costumbre, tan arraigada en el centro del país, de hablar con diminutivos. También, el adoptar una humildad figurada para ser aceptado («tengo una casita», «me compré un carrito», «está usted en su casa», «lo invito a comer, aunque sea frijolitos», «ahí tiene su pobre casa»).

Para los mexicas, esta clase de cortesías eran habituales. Cuando trataban con un personaje de respeto, o se referían a él, utilizaban la terminación «tzin», la cual no sólo es una cortesía, sino que denota reconocimiento, incluso reverencia. De este modo es como le hablaron a la Malinche, por ejemplo, y es la manera en la que la Virgen se dirige a Juan Diego según el *Nican Mopohua*. En ambos casos abundaremos más adelante, pues las traducciones suelen ser caprichosas, ya que «tzin» también puede traducirse como una muestra de afecto y cariño.

Pues bien, Moctezuma era nieto de Nezahualcóyotl, el mítico y sabio *tlatoani* de Texcoco. Sus dominios abarcaban casi toda Mesoamérica, con excepción de algunas regiones que nunca logró conquistar, como Tlaxcala, ciertas zonas de Guerrero y el imponente Estado de los purépechas en Michoacán. En total, tenía bajo su dominio a cerca de 370 pueblos, cuyos nutridos y variados tributos sostenían el esplendor del Estado mexica.

Gracias a las reformas introducidas por Tlacaélel, Moctezuma era considerado un semidiós; incluso, el sol mismo. Fue electo *huey tlatoani* cuando tenía treinta y cinco años. Esta distinción se debió a su estirpe y a sus méritos políticos y militares. De entre todos los gobernantes, se dice que fue el que vivió con mayores lujos y quien amplió el abismo que lo separaba del pueblo en general. Por conveniencia política, se casó con «numerosas» mujeres, pues cada matrimonio le aseguraba una alianza con el pueblo de procedencia de su nueva consorte.

Existía una rigurosa etiqueta que debía seguirse al momento de acercársele. Para empezar, muy poca gente contaba con el permiso para hacerlo. Rara vez salía de su palacio y, cuando lo hacía, un sirviente iba por delante, avisando a la gente para que bajaran la vista, pues nadie podía mirarlo al rostro, mucho menos a los ojos. Cuando los cronistas españoles les pidieron a algunos mexicas sobrevivientes que describieran físicamente al *tlatoani*, ninguno pudo hacerlo, pues nunca se atrevieron a mirarlo. Quienes tenían el honor de poderse dirigir a él, debían hacerlo en voz baja, y los que entraban al recinto donde se encontraba el trono (*icpalli* o silla real) tenían que hacerlo descalzos y con los pies rigurosamente limpios. Antes de comenzar a hablar, debían hacer tres profundas reverencias tocando el suelo con la frente, al tiempo que recitaban una fórmula a manera de ritual y cortesía. Al retirarse, debían hacerlo caminando hacia atrás, pues no podían darle la espalda.

Bernal Díaz del Castillo recuerda el primer encuentro que tuvo con él: «Venían otros cuatro caciques que traían el palio sobre sus cabezas y otros muchos señores que venían delante del gran Moctezuma, barriendo el suelo por donde había de pisar, y le ponían mantas para que no pisase la tierra. Todos estos señores ni por pensamiento le miraban la cara, sino los ojos bajos y con mucho acato».

Por su parte, Cortés describió así el mismo momento: «Yo me adelanté y fui a abrazarlo, y aquellos dos señores que con él iban, me detuvieron con las manos para que no le tocase».

Además, su carácter semidivino era tal que prácticamente no hacía contacto con el suelo. Sus sirvientes lo cargaban. Cuando caminaba, otros tantos siervos se dedicaban a ir barriendo el camino por donde habría de pasar, mientras que algunos más regaban agua, colocaban mantas o arrojaban pétalos de flores olorosas.

Por su linaje, había sido educado en el *calmécac* (escuela para nobles, sacerdotes y guerreros), y por ende poseía una serie de conocimientos especiales tanto religiosos como filosóficos. Como guerrero, fue jefe militar durante las campañas de Ahuizotl, quien le precedió en el poder. Como *huey tlatoani*, ostentaba las mismas atribuciones que Huitzilopochtli: debía asegurar la continuidad del mundo y preservar el orden en los niveles terrestre y celestial. Además, poseía los conocimientos heredados de generación en generación que los de su estirpe habían adquirido de los toltecas.

Algunos autores consideran que fue supersticioso. No fue así. Lo que para nuestra moderna manera de pensar puede parecer mera ingenuidad, para ellos era un complejo sistema teológico que Moctezuma conocía a la perfección.

Por eso, cuando recibió noticias acerca de que unos seres extraños habían arribado a las costas del Este, hizo todo lo posible para asegurarse de que se trataba de Quetzalcóatl. De no ser así, aquellos extraños serían exterminados.

* * *

Antes de llegar al territorio mexicano, los españoles se establecieron en Cuba. Colón, al mando de sus tres naves, arribó a la isla el 27 de octubre de 1492. Lo que parecía un pequeño islote o incluso una península, era apenas la nariz de un inmenso continente.

La sorpresa por parte del almirante fue enorme desde su encuentro con los habitantes de la isla Guanahani, que fue la primera porción de tierra que los europeos pisaron en este lado del mundo. Sus impresiones acerca de la generosidad de aquellas personas no dejan lugar a dudas. «Venían a las barcas de los navíos y nos traían papagayos e hilo de algodón en ovillos y azagayas y otras cosas muchas [...] Daban de aquello que tenían de buena voluntad». No había duda de su inocencia, de su generosidad: «Ellos aman a sus próximos como a sí mismos, y tienen una habla la más dulce del mundo, y mansa y siempre con sonrisa».

Después informará que los nativos no poseen ni conocen las armas. Entonces, sus intenciones quedarán al descubierto: «Yo estaba atento y trabajaba en saber si había oro y vi que algunos de ellos traían un pedazuelo colgado en un agujero que tienen en la nariz. Y por señas pude entender que yendo al sur, que estaba allí un rey que tenía grandes vasos de ello, y tenía muy mucho».

Finalmente, irá al grano. Dice, refiriéndose a los pacíficos habitantes de aquella isla que «puédenlos llevarlos a todos a Castilla o tenerlos en la misma isla cautivos, porque con cincuenta hombres los tendrán sojuzgados y los harán hacer lo que quisieren». Y así fue. Tres años después de su llegada, Colón en persona dirigió la guerra en contra de los nativos de una de las islas adyacentes. Con un pequeño grupo compuesto por caballeros, infantes y algunos perros entrenados, obtuvo la victoria con facilidad. De inmediato, más de quinientos indígenas fueron enviados a España como esclavos.

Ante esta situación, algunos religiosos españoles comenzaron a protestar. Entonces se decidió que, antes de toda batalla o conquista, el capitán en turno debía leer en voz alta un requerimiento en el que se invitaba a los nativos a convertirse al cristianismo por su propia voluntad, de lo contrario, «con la ayuda de Dios yo entraré poderosamente contra vosotros y os haré guerra por todas partes y maneras que yo pudiere, os sujetaré al yugo y obediencia de la Iglesia y de su majestad y tomaré vuestras mujeres e hijos y los haré esclavos, y como tales los venderé, y dispondré de ellos como su majestad mandare, y os tomaré vuestros bienes y os haré todos los males y daños que pudiere [...] y protesto que las muertes y daños serán vuestra culpa, y no de su majestad, ni mía». El mensaje fue claro desde el principio.

* * *

En 1511 se fundó la primera villa en territorio cubano, la cual recibió el nombre de Nuestra Señora de la Asunción de Baracoa. A partir de entonces, se crearon diversos asentamientos muy bien organizados, tanto legal como políticamente. A causa de las encomiendas, que colocaban un número determinado de isleños bajo el dominio de un español, mismo que tenía el deber de evangelizarlos y enseñarles diversos oficios, la esclavitud comenzó a ser una cruel realidad.

Los nativos fueron obligados a buscar oro hasta que las reservas se agotaron. Después siguió el cobre y más tarde las grandes plantaciones de tabaco y caña de azúcar. Precisamente por la esclavitud y las nuevas enfermedades que no se conocían en este lado del mundo, como la viruela, los nativos empezaron a morir en cantidades alarmantes. Aunque los esclavos traídos de África llegaron prácticamente desde el primer viaje, algunos españoles tuvieron una idea que consideraron genial: explorar otras islas, más al oeste, con la finalidad de conseguir esclavos y evitarse el engorroso trámite de traerlos desde el continente negro. Con esta idea en la mente, y siempre con la velada esperanza de encontrar aquellas ciudades elaboradas con oro sólido que sus mentes medievales les sugerían, fue como llegaron por primera vez al actual territorio mexicano.

Antes que Cortés, dos hombres comandaron expediciones que resultaron desafortunadas. La primera, con Francisco Hernández de Córdoba a la cabeza, llegó por accidente a Isla Mujeres (misma que bautizaron de este modo porque se hallaron figurillas de mujeres desnudas que representaban a Ixchel, la diosa maya de la fertilidad). La segunda, al mando de Juan de Grijalva.

No todo fue pérdida para la expedición de Hernández de Córdoba. Además de que lograron desembarcar en la Península de Yucatán, durante una feroz batalla en contra de un grupo maya capturaron a dos nativos a quienes bautizaron como Julián y Melchor, mismos que se convertirían en los primeros traductores: Julianillo y Melchorejo.

Además, descubrieron un asentamiento cuyas casas les recordaron a las egipcias, por lo que llamaron al lugar «Gran Cairo». El primer sitio que pisaron en la península fue el actual Cabo Catoche, ubicado en el estado de Quintana Roo.

Por su parte, la aventura dirigida por Juan de Grijalva fue un éxito en la práctica, pero un fracaso en cuestión política. Bordeando la costa, Grijalva llegó hasta Veracruz. Hizo contacto con diversas comunidades y, a excepción de una sangrienta batalla en que resultó triunfador, el viaje no presentó mayores contratiempos, al contrario: recibió regalos de oro, además de diversos productos propios de la región. Pasaron por el río que llevaría su nombre, el Grijalva, por el Papaloapan, por la Isla de los Sacrificios (que nombraron así luego de encontrar a cuatro hombres inmolados en honor de Tezcatlipoca) y finalmente por San Juan de Ulúa. En estos lugares comenzaron a descubrir lo que tanto anhelaban: importantes cantidades de oro.

Durante esos días, Grijalva recibió una visita inesperada: algunos embajadores de Moctezuma llegaron en canoas a saludarlos y a entregarles diversos obsequios. En realidad, los nobles mexicas llevaban una encomienda muy bien definida: averiguar si se trataba de simples hombres extraños, del temible dios Tezcatlipoca o del benévolo pero no por eso inofensivo Quetzalcóatl. Los españoles, mientras tanto, se enteraron de algo que les sería muy útil: los amos de aquellas regiones eran los mexicas, pero muchos grupos los odiaban.

Las noticias que recibió el gobernador de Cuba fueron más que alentadoras y de inmediato envió cartas en las que avisaba al rey de los nuevos descubrimientos. Aunque Juan de Grijalva, sobrino de Diego Velázquez, gobernador de la isla, llevaba la orden expresa de no establecer ningún tipo de asentamiento, su tío anhelaba fervientemente que lo desobedeciera. Como no lo hizo, lo dejó fuera de la jugada y para la tercera expedición nombró capitán a Hernán Cortés, quien por entonces se desempeñaba como alcalde de Santiago, en la misma isla de Cuba.

Sobre Hernán Cortés, ya lo dijimos, las opiniones difieren para bien o para mal. En España su figura fue exaltada hasta el extremo. Cronistas como Francisco López de Gómora (quien nunca viajó a América) le dio una categoría no sólo de héroe, sino a veces de superhéroe, pues le atribuyó intrépidas huidas de prisión dignas de una película de acción. En cambio, Bartolomé de Las Casas lo tachó de vividor y le enjaretó todos los vicios que pudo atribuirle. Lo cierto es que entre algunos de sus propios compañeros tenía mala fama. No faltó quien le aconsejara al gobernador que lo mejor sería cambiar de capitán, pues aquel hombre era en extremo ambicioso. Al enterarse, Cortés actuó con rapidez: decidió embarcarse para que Diego Velázquez no tuviera oportunidad de arrepentirse.

De este modo, con mucha prisa, partió del puerto de Santiago de Cuba el 18 de noviembre de 1518. Aunque no se sabe a ciencia cierta, se estima que llevaba consigo once naves con quinientos dieciocho infantes, dieciséis jinetes, trece arcabuceros, treinta y dos ballesteros, ciento diez marineros y aproximadamente doscientos isleños y esclavos africanos. Además, unos treinta y dos caballos, diez cañones de bronce y cuatro falconetes (pequeños cañones antipersonales). Llevaba Cortés otra arma que le sería muy valiosa: a Melchorejo, que para entonces ya hablaba el español. En las banderas que portaban, se leía la siguiente leyenda: «Hermanos y compañeros: sigamos la señal de la Santa Cruz con fe verdadera, que con ella venceremos».

Lo cierto es que el conquistador se empeñó en que sus campañas tuvieran el aval de la Iglesia y, por consiguiente, la protección por parte de Dios. La presencia de capellanes castrenses garantizaba que sus hombres contaran con los auxilios espirituales de rigor.

Tiempo después, Cortés tuvo una aspiración con tintes mesiánicos: por influencia directa de los franciscanos, pretendió fundar una Nueva Iglesia, en la que Dios sería honrado, servido y adorado mejor que en ningún otro lugar. Esta Nueva Iglesia sería también el trampolín desde el cual se evangelizaría al Oriente entero. Bajo esta concepción, el conquistador se convertía, prácticamente de manera automática, en el elegido de Dios para construir la sociedad perfecta. Ser el elegido de Dios, nada mal para un soldado que era aficionado a ciertos vicios y placeres, como el juego y las mujeres.

¿Era posible que un hombre con tantos defectos, amante de las armas, que no dudaba en usar su espada ni en derramar sangre, fuera un cristiano devoto y lleno de piedad? Sí, era posible. Las Cruzadas se trataron de eso justamente: de usar la espada para defender la religión. Lo mismo sucedió cuando los españoles expulsaron a los musulmanes de la península ibérica: usaron la guerra y se valieron de las armas para defender territorio y religión. Era tan posible y tan bien visto que, gracias a esta expulsión, los reyes Fernando e Isabel obtuvieron el título de reyes católicos.

En su *Primera carta de relación*, el conquistador les escribió a los monarcas con respecto a la religión mexica y a los sacrificios humanos: «Vean vuestras reales Majestades si deben evitar tan grande mal y daño. Dios nuestro señor sería muy servido si por mano de vuestras reales altezas estas gentes fuesen introducidas e instruidas en nuestra muy santa fe católica». La bandera de la conquista siempre fue la religión.

***

De vuelta a la historia, en la isla de Cozumel Cortés se enteró de que dos hombres blancos se encontraban en poder de un jefe maya. Resultaron ser el padre Gerónimo de Aguilar y Gonzalo Guerrero, quienes habían sobrevivido a un naufragio años antes y para entonces dominaban la lengua maya. Aguilar agradeció el rescate y se unió a la expedición de Cortés. En cambio, Guerrero no sólo rechazó la oferta, sino que encabezó a los nativos en su lucha contra los españoles, pues para entonces había adoptado por completo las costumbres locales, se había casado con una princesa y él mismo era ya un reconocido jefe. Incluso, sus hijos presentaban las marcas y perforaciones propias de la cultura.

Ya con Aguilar a bordo, Cortés contó con otro golpe de suerte: un cacique maya le regaló una esclava que sabía hablar maya y náhuatl a la perfección; se trataba de La Malinche. Así, mediante el padre Aguilar y Malinche, Cortés logró comunicarse con los mexicas.

La Malinche nació tal vez en Coatzacoalcos, Veracruz. Luego de una batalla entre un grupo maya y uno mexica, al que ella pertenecía, fue cedida como una eficaz ofrenda de paz al cacique de Tabasco, región donde aprendió su segunda lengua.

Cuando los mayas de Tabasco perdieron la batalla en contra de los españoles, la joven fue entregada a sus nuevos amos junto con otras diecinueve mujeres.

Al bautizarla, los conquistadores le dieron el nombre de Marina. Como el náhuatl no contaba con el fonema /r/ vibrante múltiple, los mexicas comenzaron a llamarla Malina, pero dado que se trataba de alguien de respeto, a su nombre le agregaron el indispensable sufijo *tzin*, por lo que se le conocía como Malintzin, mismo que fue españolizado como Malinche.

Cortés negó una y otra vez ser un dios, pero propició que creyeran que venía de parte de «quien ellos esperaban». Jamás trató de corregir la arraigada costumbre de Malinche, quien, cada vez que traducía al náhuatl lo que el padre Aguilar le decía en maya, comenzaba diciendo «Estos dioses dicen que…».

Sí, los «dioses» estaban a punto de conquistar el territorio entero.

Los vencidos

Y dile que le suplico yo —y que me haga este beneficio— que me deje morir, y que después de muerto yo, venga y tome su reino, pues es suyo y lo dejó en guarda a mis antepasados.

Moctezuma*

Con estas palabras, Moctezuma ordenó a su emisario acudir al encuentro de aquellos *teteuh*, es decir, «dioses». Los españoles corromperían el vocablo y lo convertirían en *teules*. Lo cierto es que en la mente del *huey tlatoani* giraba una certeza: el dios Quetzalcóatl había regresado.

No era para menos. Moctezuma conocía a la perfección las leyendas y la religiosidad mexica. Las enseñanzas de la Serpiente Emplumada se transmitían de

* Durán, Diego. *Historia de las Indias de Nueva España e Islas de Tierra Firme.* Editorial Nacional México, México, 1951.

manera oral de generación en generación y eran conocidas especialmente por los sacerdotes y por el *huey tlatoani*. Incluso, luego de la conquista, algunos cronistas españoles recopilaron estos preceptos, los cuales, junto con otros conocimientos antiguos, se llamaron *huehuetlatolli*, «el habla antigua o los dichos de los antiguos».

Fueron estas mismas enseñanzas las que le aseguraban al monarca que el final del Quinto Sol estaba cerca, por eso hizo todo lo que estuvo a su alcance para impedir que *ese* Quetzalcóatl (que podía ser distinto al muy benigno dios que esperaban) llegara al Templo Mayor de Tenochtitlan; a ese gran balance y centro de todo el universo, donde todo comenzaba pero también todo podía terminar.

Las instrucciones de Moctezuma a su emisario fueron precisas: «Deseo mucho que sepas quién es el Señor y principal de ellos, al cual quiero que le des todo lo que lleves y que sepas de raíz si es el que nuestros antepasados llamaron Topiltzin y, por otro nombre, Quetzalcóatl».

Por medio de artimañas, intrincadas trampas e incluso magia, se puso a prueba a los españoles, quienes, sin saberlo, superaron cada desafío que se les presentó.

Una de estas pruebas puede resultar absurda ante nuestros modernos ojos, pero para la mentalidad mexica poseía una lógica perfecta: los emisarios del *huey tlatoani* debían ofrecer a los españoles toda clase de manjares: frutos de vistosos colores y aromáticos olores, platillos exquisitos elaborados con maíz, jitomate, chile o calabaza, postres inimaginables a base de chocolate y de vainilla. Todos, productos exclusivos de estas regiones, mismos que los conquistadores desconocían.

Estas exquisiteces debían ser presentadas a los extraños seres. Si las comían con gusto y buena gana, se trataría sin duda de Quetzalcóatl, pues el bondadoso dios, al rechazar los sacrificios, ingería sólo los productos de la tierra.

Por el contrario, si aquellos recién llegados se rehusaban a probar estos alimentos y en su lugar devoraban a los emisarios, sería la prueba clara de que se enfrentaban a dioses malévolos que debían ser combatidos.

Evidentemente, los españoles comieron aquellos sabrosos alimentos, lo cual representó un terrible impacto para los emisarios de Moctezuma.

Otra de las pruebas fue sacrificar a un hombre en presencia de Cortés, quien, furioso, atravesó con la espada al autor de aquel acto. Este gesto se sumó a las evidencias: si ese extraño, venido de más allá del horizonte, se encolerizaba ante un acto tan simple y natural como éste, sin duda se trataba de Quetzalcóatl. ¿Quién más podría estar en desacuerdo con los sacrificios?

El *huey tlatoani* envió cuatro regalos muy particulares: cuatro trajes de dioses. Uno de Tezcatlipoca, otro de Tláloc y dos más de Quetzalcóatl. Ante los hechos, los emisarios del señor de Tenochtitlan vistieron a Cortés con una de las vestimentas de la Serpiente Emplumada. Para empezar, en el rostro le colocaron una máscara cubierta con turquesas. El ropaje se componía de chaleco, espejo ceremonial, una manta para los hombros, bandas adornadas con piedras verdes y caracoles de oro para las pantorrillas, un escudo con franjas de oro y cascabeles, una bandera con plumas de quetzal, sandalias de obsidiana, un collar elaborado con cuentas verdes, del cual pendía un disco de oro y, finalmente, un enorme *quetzalapanecáyotl* (penacho) con orejeras de turquesa. Es probable que este penacho sea el mismo que hoy se encuentra en el Museo de Etnología de Viena.

Cortés también envió obsequios a Moctezuma: cuentas de vidrio verde y amarillo, una silla y un casco. Un simple casco militar, viejo y oxidado, pero que resultó muy parecido al tocado que coronaba la estatua de Quetzalcóatl. Tanto le impactaron los presentes al *huey tlatoani* que envió a algunos sacerdotes a que los enterraran en la pirámide de la Serpiente Emplumada que se encontraba en Tula.

El conquistador no perdió el tiempo. Ordenó que los emisarios fueran atados, que les fueran colocados hierros en los pies y en el cuello, y que en ese momento fuera disparado el cañón más grande. Ante la gran impresión, los embajadores mexicas se desmayaron. Entonces, los levantaron, los liberaron de sus ataduras, les dieron vino y algunos alimentos. Mientras recobraban la tranquilidad, Cortés les dijo que deseaba comprobar por él mismo la fama de buenos guerreros que tenían los mexicas. Les colocó armas en las manos, pero se negaron. Se disculparon. Afirmaron que no eran las órdenes que habían recibido de Moctezuma. Pero el español insistió: «Mi corazón quiere quedar convencido; voy a ver yo, voy a experimentar qué tan fuertes sois, qué tan machos [...] Ha corrido fama en Castilla de que dizque sois muy fuertes, muy gente de guerra». Los alertó que el combate habría de suceder al día siguiente y los dejó ir, mientras los emisarios huían despavoridos.

Maliciosamente, el conquistador organizó una carrera de caballos en la playa, la cual ambientó con algo muy singular: descargas de artillería. Los nativos fueron asaltados por inquietantes preguntas: ¿qué terrible dios había llegado?, ¿acaso se trataba de Quetzalcóatl?, ¿acaso de Tezcatlipoca o de Huitzilopochtli?

En la mente del *huey tlatoani* todo se aglutinaba. Sabía con seguridad que se trataba de seres sobrenaturales, la pregunta entonces era: ¿cómo podía detenerlos?

Los españoles, mientras tanto, avanzaban con rumbo a la capital. Para evitar traiciones y arrepentimientos por parte de sus soldados, quienes ya expresaban su impaciencia y sus deseos de volver a Cuba, Cortés ordenó que las naves fueran desarmadas. No las barrenó ni las quemó, como dice la leyenda, sólo las desarmó, pero además se empeñó en dar claros escarmientos: cinco integrantes de la expedición eran los inconformes y quienes comenzaban a alentar una rebelión. Se trataba de dos soldados, a quienes ejecutó; un piloto, cuyo castigo fue que le cortaran los pies; un marinero, a quien azotaron, y un capellán, que tuvo que jurar lealtad al conquistador. Con estos actos, evitó traiciones.

Durante su marcha, no les fue complicado enterarse de los grandes resentimientos que muchos de los pueblos guardaban en contra de los mexicas, y los aprovecharon. Cortés les juró fidelidad, «les dijo que ahora los tendríamos como a hermanos y que les favorecería en todo lo que pudiese contra Moctezuma y sus mexicanos», recuerda Bernal Díaz. De este modo fueron ganando aliados. Mil trescientos guerreros marcharon junto con ellos desde Cempoala; mil trescientos hombres que provenían de treinta pueblos totonacas.

Otra de las jugadas geniales de Cortés fue la de fundar la Villa Rica de la Vera Cruz, pues, según las leyes españolas, si se fundaba una ciudad con cabildo, ésta se volvía autónoma de inmediato. Así, sus hombres más cercanos tomaron posesión de los cargos administrativos y él fue nombrado capitán general y justicia mayor de una nueva expedición, con lo que, política y jurídicamente, se desvinculó del gobernador de Cuba. Desde entonces, sólo le rendiría cuentas a Carlos I.

La astucia del conquistador iba más allá: jugaba dos manos al mismo tiempo. A los enemigos de Moctezuma les aconsejaba no pagar el tributo y encarcelar a los recaudadores del *huey tlatoani*. Después, él en persona se encargaba de liberar a dos o tres y enviarlos de vuelta a Tenochtitlan con un supuesto mensaje de paz: se ofrecía a ayudar a Moctezuma a controlar a los pueblos rebeldes que se negaban a pagar los impuestos.

La fundación de la Villa Rica de la Vera Cruz.[14]

La marcha de los españoles llegó más o menos sin contratiempos a Tlaxcala. La ciudad-estado rival de los mexicas los recibió entre dudas. Si bien los consideraban dioses, la ambición por el oro y sus actos de crueldad que se propagaban a lo largo de todo el territorio los hacían dudar. Su comportamiento era más el de bárbaros que el de seres divinos. Uno de sus temores principales surgió después de la victoria que los españoles obtuvieron en contra de los otomíes, pues los tlaxcaltecas consideraban a los otomíes «muy machos y muy guerreros». Si ellos nada pudieron hacer en contra de los extranjeros, ¿qué podían esperar?

Luego de consultarlo, los gobernantes de aquella confederación de ciudades-estado optaron por apoyar a los extraños. Sin embargo, un mítico guerrero tlaxcalteca llamado Xicohténcatl decidió combatirlos, y lo hizo de manera convincente, pues ante la oferta de paz de Cortés, su respuesta fue tajante: «¿Paces? Ciertamente las celebraremos. Venid a Tlaxcala en donde está mi padre. Allí haremos los paces, hartándonos de vuestras carnes y honrando a nuestros dioses con vuestros corazones».

La alianza entre tlaxcaltecas y el ejército conformado por españoles y totonacas no se logró de la noche a la mañana, pero intervinieron dos factores decisivos a favor de los invasores. Por un lado, los tlaxcaltecas pelearon con honor; a la usanza de las guerras floridas, se dieron a la tarea de tratar de capturar prisioneros para sacrificarlos más tarde. Por otro, los españoles simplemente asesinaron a todos los nativos que pudieron. Además, los conquistadores recurrieron a un viejo truco de la humanidad: la tortura. A los tlaxcaltecas que caían prisioneros les eran amputados los dedos pulgares o la mano entera, con lo que delataban las posiciones de su ejército. La victoria fue mero trámite para Cortés.

Con sus nuevos aliados, llegaron a la ciudad sagrada de Tollan Cholula, cuyas autoridades los recibieron de manera cordial. No es raro este comportamiento por parte de las autoridades de la ciudad, pues los cholultecas tenían tanta fe en su dios principal, Quetzalcóatl, que de ningún modo concebían la derrota. Además, pensaban, los extranjeros eran pocos e iban acompañados de los tlaxcaltecas, quienes no pasaban de ser «cobardes, merecedores de castigo», pues como no podían vencer a los mexicas habían ido en busca de los advenedizos para que los protegieran. El juicio de los habitantes de Cholula era implacable; llamaban a los tlaxcaltecas «sodomitas mujeriles que no son más que mujeres bardajas de sus hombres barbudos, que se han rendido a ellos por miedo», como lo recuerda la *Visión de los vencidos* de don Miguel de León-Portilla.

Poco antes de arribar a la ciudad, los tlaxcaltecas enviaron a un embajador para solicitar la paz. Les aseguraron que los españoles eran personas virtuosas, de mucho honor y sobrada bondad que lo único que buscaban era su amistad. Pero que quienes cometían la equivocación de volverse sus enemigos, recibían toda su furia, pues al enojarse «era gente muy feroz, atrevida y valiente, que traían armas aventajadas y muy fuertes de hierro blanco [...] y leones y onzas muy bravas que se comían las gentes».

Era común que los embajadores fueran respetados. Pero esta vez fue diferente. El emisario tlaxcalteca se llamó Patlahuatzin, un guapo joven con fama de valiente y virtuoso. La respuesta por parte de Cholula fue clara: desollaron el rostro de Patlahuatzin, también le arrancaron la piel de las manos y brazos hasta la altura de los codos, en tanto que sus manos fueron cortadas, aunque sin arrancárselas del todo: se las dejaron colgando apenas con unos cuantos jirones de su propia carne. «Andad y volved y decid a los de Tlaxcala y a esos andrajosos hombres o dioses o lo que fuesen que esto les damos por respuesta».

Esta acción encolerizó tanto a los tlaxcaltecas como a Cortés, que el conquistador juró una implacable venganza.

Por estas razones, ante la cordial bienvenida, las sospechas se avivaron. Los miedos no eran infundados, pues Moctezuma había dado órdenes de tender una trampa. Malinche se enteró de los planes y alertó a Cortés, quien decidió atacar primero.

Se calcula que en menos de cinco horas murieron más de cinco mil cholultecas. La ciudad fue saqueada e incendiada, los ídolos, quemados. La muerte en masa se volvería una costumbre. Años después, en 1523, y ante la constante rebeldía de la ciudad, Cortés recurriría a un castigo ejemplar: el *aperreamiento*. En medio de una plaza pública, y ante la vista de todos, ordenó que un importante sacerdote y seis nobles del lugar fueran amarrados. Entonces, les lanzó un perro entrenado para matar. Este salvaje asesinato sirvió como eficaz advertencia contra futuras rebeldías.

La matanza de Cholula.[15]

En el códice original donde se cuenta esta historia, llamado *Manuscrito del aperreamiento,* aparecen La Malinche y Hernán Cortés, observando. Ella, a su vez, con rosario en mano.

Manuscrito del aperreamiento.[16]

Ante las noticias devastadoras, Moctezuma jugó dos partidas a la vez: ofreció a Cortés, a condición de que se marcharan, «mucha cantidad de oro y plata y ricas piedras para ese vuestro rey [Carlos I], y para ti te dará cuatro cargas de oro, y para cada uno de tus hermanos, una carga».

Al mismo tiempo, ordenó a su principales «encantadores y hechiceros y los que echan sueño y mandan a las culebras y alacranes y a las arañas que lanzaran ellos todo su poder, y usaron de sus artes endemoniadas y fabulosas. Al cabo de muchos días [...] volvieron a Montezuma y le dijeron que, como aquellos eran dioses [...] no podía entrar en ellos ni hacer uso de sus artes de encantamiento, porque no les podían hallar el corazón».

Ante la oferta del oro, el conquistador respondió, agradecido, pero dijo que estar tan cerca de su ciudad y no pasar a saludar al gran Moctezuma para mostrarle sus respetos, sería una verdadera descortesía. Además, enfatizó que ya estaban en camino.

El *huey tlatoani* nada pudo hacer. Desesperado, y junto con él desesperada la ciudad entera, reunió al consejo de guerra de la Triple Alianza y se sinceró con ellos de una manera por demás dramática: «¿Qué hemos de hacer si nuestros amigos, es más, nuestros mismos dioses en vez de favorecernos prosperan a nuestros enemigos? Yo estoy ya resuelto, y quiero que nos resolvamos todos, a no huir, ni escondernos, ni a dar la menor muestra de cobardía, venga lo que viniere».

Hubo división entre la nobleza. Las posiciones a favor y en contra de recibir a los españoles eran lideradas por Cacama y por Cuitláhuac, respectivamente. El primero, señor de Texcoco y sobrino del *tlatoani*; el segundo, su hermano y gobernador de Iztapalapa. Cuando se decidió que los conquistadores serían recibidos en calidad de embajadores, y que, en caso de intentar alguna maldad, serían castigados, Cuitláhuac simplemente sentenció: «Ruega a nuestros dioses que no metáis a vuestra casa a quien os eche de ella y os quite el reino, y cuando lo queráis remediar, no sea tiempo».

Arrastrado por la impotencia, Moctezuma realizó algunos actos ya sin mucha esperanza. Un día antes de la llegada de aquellos seres invulnerables, ordenó que un muchacho fuera sacrificado a orillas del lago de Texcoco. Debía ser ofrecido a la diosa Chántico (que regía el fuego doméstico, se le representaba con rayos que salían de su espalda y era venerada en la cumbre del Tepeyac una vez al año). Después de muerto, el joven debía ser enterrado en ese mismo sitio. Todo fue en vano.

Para entonces nadie ignoraba la vieja profecía: cuando Quetzalcóatl se autoexilió, lleno de vergüenza por haberse emborrachado con el pulque que le ofreció Tezcatlipoca, prometió regresar a reclamar lo que era suyo. Entonces, puso una fecha para hacerlo: el año *Ce-Acatl*, que coincidentemente se trataba de aquel año de 1519.

La destrucción del Quinto Sol

Reinaba un temor general [...], estuvo todo muerto; no salía nadie a la calle. Las madres no querían dejar salir a sus hijos; barrida estaba la calle; la calle estaba limpia como en las madrugadas; nadie pasaba frente de otro; se retiraban en sus casas, dedicados sólo a su pesar. La gente decía: «Dejadlo, ¡Que sea maldito! ¿Qué queréis hacer? Ya moriremos; ya pronto nos aniquilarán, ya pronto veremos la muerte».

Bernardino de Sahagún*

En Tenochtitlan, dice Sahagún, se respiraba miedo. Todo estaba perdido. Los españoles entraron a la ciudad el 8 de noviembre de 1519.

* Sahagún, Bernardino de. *Historia general de las cosas de la Nueva España.* México, Porrúa, 1975.

Moctezuma, que no salía de su palacio sino en determinadas fiestas, acudió al encuentro de aquellos extraños. Cortés le obsequió un burdo collar de cuentas de vidrio. El *huey tlatoani*, en tanto, le regaló «dos collares de camarones envueltos en un paño, que eran hechos de huesos de caracoles colorados, que ellos tienen en mucho, y de cada collar colgaban ocho camarones de oro de mucha perfección», rememora el propio conquistador en una de sus cartas al rey de España.

La cortesía de Moctezuma no conoció límites, según cuenta Sahagún. Les dijo:

Señor nuestro: te has fatigado,
te has dado cansancio:
ya a la tierra tú has llegado.
Aquí has venido a sentarte en tu trono.
Oh, por tiempo breve te lo reservaron,
te lo conservaron los que se fueron,
tus sustitutos.
[...] Como que esto es lo que nos habían dejado dicho
los reyes,
los que rigieron,
los que gobernaron en tu ciudad:

Que habrías de instalarte en tu asiento,
en tu sitial, que habrías de venir acá.
[...] Pues ahora se ha realizado: ya tú llegaste.
[...] Llega a tu tierra,

Encuentro de Cortés y Moctezuma.[17]

ven y descansa; toma posesión de tus casas reales;
da refrigerio a tu cuerpo.
Llegáis a vuestra tierra.

Cortés se tomó estas palabras al pie de la letra y se apoderó de la ciudad.

* * *

No era para menos la sorpresa de los conquistadores. La ciudad de México-Tenochtitlan era una mezcla de belleza arquitectónica con notables adelantos en el campo de la ingeniería civil. A la mitad de un enorme lago de agua salada se levantaba una urbe construida en un islote, el cual había ido aumentando su tamaño de manera artificial. Se calcula que en un día ordinario, unas sesenta mil canoas habrían cruzado el lago desde la ciudad hasta las orillas y viceversa. Los cerca de siete mil kilómetros cuadrados que abarcaban el sistema lacustre del valle albergaban a cinco grandes lagos, tres de ellos de agua salada y los dos restantes, de agua dulce.

Para tener una idea modesta sobre la magnitud de la ciudad, menciono sólo algunos de sus atributos: existían cerca de cincuenta grandes edificios que destacaban por sus dimensiones. Además, tres largas calzadas perfectamente trazadas unían a la urbe con tierra firme. La calzada norte iba al Tepeyac, que es la que habría utilizado Juan Diego para ingresar; la calzada poniente conectaba con Tlacopan y fue por donde huyeron los españoles durante la Noche triste; corresponde a la actual calle de Tacuba y a la Calzada México-Tacuba. Finalmente, la calzada sur, que terminaba en Iztapalapa, misma que persiste todavía convertida en la muy transitada Calzada de Tlalpan. Al oriente de la ciudad se ubicaba el embarcadero de Texcoco.

Las calzadas eran artificiales y estaban fabricadas con arcilla y piedras como el tezontle y el basalto unidas gracias a una mezcla de cal caliente. Las sostenían en su lugar extensas hileras de pilotes de madera de cinco metros de largo clavados al subsuelo.

El centro u ombligo de la ciudad era el Templo Mayor, de cuarenta y cinco metros de altura, el cual se encontraba en el espacio sagrado; un área cuadrangular de aproximadamente cuatrocientos cincuenta metros por lado, delimitada por plataformas y recubierta con losas, donde se levantaban cerca de setenta y ocho edificios. Este espacio se separaba del espacio profano (donde vivía la mayor parte de la gente) por dichas plataformas, cada una con una puerta. A su vez, estas puertas marcaban el inicio de las calzadas. Además de las calzadas norte, sur y poniente, se tiene conocimiento de una cuarta, aunque de menores dimensiones.

La calzada sur comenzaba en el Templo Mayor, atravesaba el lago, cruzaba partes de la actual colonia Obrera, luego se bifurcaba y una de sus ramas conducía a *Huitzilopochco* (Churubusco) y la otra a Coyoacán. Fue por esta calzada por donde ingresó el ejército de Cortés. Bernal Díaz recuerda que era la única que no tenía puentes, que era tan ancha como ocho pasos y que su trazo era detalladamente recto.

El orden y la limpieza eran fundamentales. Hablando sobre el aseo personal, los mexicas se bañaban dos veces al día. Se dice que Moctezuma lo hacía cuatro. En cuanto a la ciudad, existían baños (letrinas) en las casas, en los mercados públicos e incluso en los caminos. El excremento se recolectaba en barcazas especiales y luego se vendía como abono a las chinampas (superficies flotantes de terreno cultivable). Alrededor de mil personas se encargaban de mantener limpia la ciudad, cuyas calles se barrían y regaban varias veces al día. Motolinía recuerda que «estaban tan limpias y barridas todas las calles y calzadas de esta gran ciudad, que no había cosa con qué tropezar». Luego de la conquista, alrededor del año 1600, el franciscano fray Gerónimo de Mendieta describirá, asombrado, los hábitos de limpieza que poseían los nativos. El acto de barrer, lejos de ser denigrante, era una acción que enaltecía a quien la realizaba. Escribió el fraile: «Se precian los viejos, por muy principales que sean, de barrer las iglesias, guardando la costumbre de sus antepasados».

La limpieza personal, que implicaba tener buen aliento, las manos aseadas antes y durante la comida, los pies sin suciedad sobre todo al entrar a ciertos lugares, así como el cabello limpio y bien peinado, era una constante cuando menos en Mesoamérica y en la zona del Caribe. En Tenochtitlan se contaba con jabones, desodorantes, dentífricos y productos que refrescaban el aliento. Esto constituyó un gran contraste con los españoles, pues Europa en general carecía de muchos de los hábitos de higiene que se practicaban en América. Pero esto iba más allá: el mal olor en los conquistadores —generalmente velludos, que pasaban cerca de dos meses en altamar y portaban armaduras— era particularmente penetrante. Algo curioso: la limpieza obsesiva de los nativos del Caribe orilló a la reina Isabel a prohibirles que se bañaran tan seguido, pues «según nuestros informes, les causa mucho daño».

De vuelta a Tenochtitlan, para mantener la correcta urbanización, un funcionario debía supervisar cualquier tipo de construcción dentro de los límites de la ciudad. Las invasiones a los canales y a las calles estaban prohibidas, así como afectar la simetría general.

Existían canales internos que podían navegarse gracias a pequeñas embarcaciones que transportaban pasajeros y mercancías. Junto a cada canal se encontraba una calle amplia, limpia y bien trazada.

Si bien el gran lago era salado, la ciudad estaba rodeada de agua dulce que se utilizaba principalmente para fines de limpieza. Esto se lograba gracias a una serie de diques que concentraban el agua proveniente de los ríos, además, dos acueductos llevaban agua potable hasta la urbe; el más importante comenzaba en Chapultepec. De hecho, este acueducto fue la verdadera palanca de desarrollo que impulsó la grandeza de la ciudad, pues significó la ventaja de contar con agua dulce en medio de un lago de agua salada.

Hernán Cortés escribió que la urbe «es tan grande como Sevilla y Córdoba». Y sobre el comercio: «Tiene esta ciudad muchas plazas, donde hay continuo mercado y trato de comprar y vender. Tiene otra plaza tan grande como dos veces la ciudad de Salamanca, toda cercada de portales alrededor, donde hay cotidianamente arriba de sesenta mil ánimas comprando y vendiendo».

En aproximadamente trece kilómetros cuadrados, habitaban entre ochenta mil y cien mil personas. En aquellos tiempos, sólo cuatro ciudades europeas sobrepasaban los cien mil habitantes: París, Nápoles, Venecia y Milán.

Era notoria la diferencia entre las casas de los nobles, quienes poseían palacios, y la gente del pueblo en general, cuyas moradas estaban fabricadas con madera, paja y adobe. Los palacios, rememora Bernal Díaz, eran elaborados con piedras exquisitamente talladas y madera de cedros y otros árboles finos; eran amplios, con numerosos cuartos y jardines, y ciertos muros estaban tapizados con hermosas telas de algodón.

El palacio de Moctezuma era una suma de lujos y comodidades. Contaba con cuartos especiales para atender asuntos públicos, con una especie de biblioteca, con sala de armas y con una enorme alacena o bodega de alimentos. También, con cuartos para las mujeres, con amplios y bellos jardines en la parte posterior e incluso con zoológico. La habitación del *huey tlatoani* se encontraba en el segundo piso. A manera de alfombras, todo el palacio estaba recubierto con petates.

Hombres de muy diversos oficios habitaban esta urbe: comerciantes, orfebres, alfareros, lapidarios, constructores, carpinteros, tejedores, plumarios, poetas, campesinos, médicos y pintores, entre otros. Los sacerdotes, por su parte, pertenecían a la nobleza. Es importante mencionar que todos los hombres estaban adiestrados para la guerra, pues la vocación mexica —a la usanza de Huitzilopochtli— era precisamente guerrera. Gracias a los méritos en el campo de batalla, cualquier persona podía ascender socialmente y convertirse en un personaje de la nobleza.

Tenochtitlan, en pocas palabras, era la representación o imagen del universo, ni más ni menos. Toda ella, comenzando por el Templo Mayor, estaba orientada hacia el Poniente.

* * *

Una vez instalados en el palacio de Axayácatl, antiguo *tlatoani* y padre de Moctezuma, continuaron los regalos para los españoles: joyería de oro y plata, piedras preciosas, hermosos plumajes y «cinco o seis mil piezas de ropa de algodón, muy ricas y de diversas maneras tejidas y labradas», como cuenta el conquistador. Se trataba de la ropa del mismo Moctezuma. Incluso de sus propias prendas de vestir se despejó el monarca. Su ropa «que era tal, que consideraba ser toda de algodón y sin seda, de tanta calidad que en todo el mundo no se podría hacer ni tener otra igual de tan diversos y naturales colores y manufacturas», narró Cortés.

El *huey tlatoani* se esforzó hasta el extremo para que sus invitados estuvieran cómodos. Hizo todo lo que pudo para mantenerlos contentos, para evitar que se enfadaran. Entonces, ¿por qué los españoles se empeñaron en destruir aquella maravillosa ciudad?, ¿por qué no aprendieron de ella y se empaparon de la sabiduría de sus habitantes?, ¿por qué no enriquecieron lo ya construido en lugar de aniquilarlo como si los moviera el odio?

Existen muchas respuestas, todas ellas simples suposiciones: porque estaban educados de tal modo que vieron al demonio retratado en cada ídolo y en cada templo y sintieron que era su deber destruirlo; porque buscaban oro y nada más que oro y al no encontrarlo a carretadas como esperaban se dieron a la tarea de despedazar el entorno; porque además del oro necesitaban esclavos y fue una urgencia aplastar aquel universo y despedazarles la moral.

No lo sabremos con certeza, pero es posible que no sólo hayan sentido miedo, sino que los haya invadido un auténtico terror. No se sintieron inferiores, sino que se dieron cuenta de que eran verdaderamente inferiores. Sí, inferiores en todos los sentidos; entonces, el miedo a lo desconocido les provocó un afán de exterminio, una urgencia de dominación.

Para los españoles todo era nuevo. Ni siquiera la mente más soñadora habría podido imaginar una urbe como Tenochtitlan, la cual, desde luego, no pudo ser diseñada ni edificada por seres inferiores. Si durante los siguientes años el debate se centraría en si los «naturales de las indias» poseían alma y debían considerarse seres humanos, les habría bastado con observar su entorno, con estudiar la perfección de aquellas construcciones para salir de toda duda. Pero tuvieron miedo de hacerlo.

Los mexicas aventajaban a los europeos en numerosos ámbitos de las humanidades, en algunas ciencias y sin duda en lo tocante a las virtudes. Por desgracia, la desventaja de los mexicas era técnica: aunque conocían la rueda, no habían explorado por completo su utilidad, pues carecían de animales de tiro; no conocían las armas de fuego porque la pólvora les era ajena por completo; no habían superado la era neolítica (sus armas y herramientas eran de piedra); practicaban la metalurgia (trabajaban el cobre, el oro y la plata), pero el hierro llegó junto con las espadas invasoras.

No obstante, la desventaja principal de los mexicas fue que carecían de la malicia que a los españoles les sobraba.

La causa del exterminio fue el miedo. Miedo a descubrirse inferiores; a saberse notoriamente inferiores en tierra extraña. Entonces utilizaron la malicia para paliar sus puntos débiles y coronarse vencedores sin importar los medios que habrían de utilizar.

* * *

Moctezuma le dijo sinceramente y lleno de humildad a Cortés: «Bien podéis en toda la tierra, en la que yo poseo, mandar a vuestra voluntad, porque será obedecido y hecho. Todo lo que nosotros tenemos es para lo que vos quisierais disponer [...]. Bien sé que os han dicho muchos males de mí. No creáis más de lo que por vuestros ojos veréis [...]».

Y continuó: «Sé que también os han dicho que yo tenía las casas con las paredes de oro y que las esteras de mis estrados y otras cosas de mi servicio eran asimismo de oro, y que yo era y me hacía dios y otras muchas cosas. Las casas ya las veis que son de piedra y cal y tierra [...]. Yo soy de carne y hueso como vos y como cada uno, y soy mortal y palpable».

Para concluir, remató: «Ved cómo os han mentido; verdad es que tengo algunas cosas de oro que me han quedado de mis abuelos: todo lo que yo tuviere tenéis cada vez que vos lo queráis».

Moctezuma se despojó de todas sus posesiones. Sí, en efecto, por una parte lo hizo por miedo, por no encolerizar a aquel terrible dios que en cuanto tomó posesión de su palacio hizo desatar una tormenta (con fines intimidatorios, Cortés ordenó detonar la artillería desde el palacio de Axayácatl, que se ubicaba en el sitio que hoy ocupa la casa matriz del Nacional Monte de Piedad). Pero la razón principal que movió al *huey tlatoani* fue la certeza de que los dueños de esa tierra habían vuelto. Lo mejor era aceptar todos sus caprichos al pie de la letra.

La buena voluntad de Hernán Cortés no duró gran cosa. Ordenó a uno de sus carpinteros que levantara un adoratorio cristiano dentro de aquel palacio. Al estar construyéndolo, encontraron una pared falsa que conducía a un salón oculto. En ese lugar hallaron un gran tesoro. Volvieron a tapiar el muro y simularon ignorancia, pero desde entonces el conquistador sospechó de su anfitrión.

Mientras tanto, el ejército invasor se revolvía intranquilo. Bernal Díaz del Castillo recuerda que caminaban por aquella gran ciudad, y lo hacían con la cabeza baja, pensativos, temerosos de que en cualquier momento los aniquilaran. Tan grande era su temor que dormían con las armas en las manos y sus caballos permanecían ensillados.

En medio de aquel escenario adverso sucedió un hecho que resultaría decisivo: por consejo del propio Cortés, los totonacas dejaron de pagar el tributo a Tenochtitlan. Cuauhpopoca, noble mexica y cobrador de impuestos en la zona de Nautla, Veracruz, les advirtió que pagarían cara su rebeldía. Como no pudo convencerlos de que cambiaran de opinión, ambos bandos se prepararon para la batalla. Así, cerca de dos mil totonacas y cuarenta soldados españoles al mando del capitán Juan de Escalante se enfrentaron contra el batallón mexica, con un resultado previsible: el triunfo rápido de los guerreros de Tenochtitlan.

Juan de Escalante no era un soldado ordinario. Cuando Cortés ordenó que las naves fueran desarmadas, fue Escalante la persona designada para que rescatara y resguardara las anclas, los cables y las velas. Después de este episodio, el conquistador lo nombró alguacil mayor de la Villa Rica de la Vera Cruz, además de afirmar en público que se trataba de «su hermano». Es de suponer el gran impacto que sufrió Cortés al enterarse no sólo de esta derrota, sino de la muerte de «su hermano».

Enseguida, le reclamó ambos hechos a Moctezuma, quien negó haber dado la orden de ataque. Para demostrarlo, dispuso que Cuauhpopoca fuera traído ante la presencia del español, quien sería el encargado de interrogarlo y enjuiciarlo. Días después, cuando el noble mexica se presentó ante el conquistador, éste le preguntó si era siervo de Moctezuma, a lo que respondió: «¿Pues hay otro señor de quien poderlo ser?». Cortés replicó: «Muy mayor es el rey de los españoles que vos matastes sobre seguro y a traición; y aquí lo pagaréis». En ese momento, se colocaron diecisiete postes de madera a los cuales fueron amarrados Cuauhpopoca, su hijo y quince de sus acompañantes. El castigo fue implacable: morir en la hoguera.

El lugar fue la plaza pública, donde hoy se ubica la Plaza de la Constitución o Zócalo de la Ciudad de México. Un sitio lo suficientemente visible como para que el cruel castigo pudiera ser atestiguado por una gran cantidad de indígenas.

En medio del tormento, los sentenciados confesaron que siguieron las órdenes del *huey tlatoani*. Entonces, Cortés decidió jugarse el destino: hizo arrestar a Moctezuma. La ejecución se cumplió al pie de la letra en presencia de un monarca encadenado y de un pueblo temeroso. Días después se derribaron ídolos de los templos y sobre el Templo Mayor se celebró la primera misa. A estas alturas, ni los mexicas en general, mucho menos los sacerdotes, veían con buenos ojos a Moctezuma. Su sobrino Cacama, *tlatoani* de Texcoco, incluso lo llamó cobarde y le exigió que se comportara como señor y no como esclavo.

CORTÉS DETERMINA PRENDER A MOCTEZUMA.[18]

Mientras tanto, la exigencia de oro continuaba, cada vez más insaciable. De todos los estados sometidos llegaban ofrendas exquisitas. Moctezuma accedía a todas esas peticiones con la esperanza de que, al satisfacer su codicia, aquellos dioses se marcharan para siempre, pero la llegada del metal dorado provocaba lo contrario, tal como lo describirían después los informantes de Sahagún:

> Discos de oro,
> los collares de los ídolos,
> las lunetas de la nariz, hechas de oro,
> las grebas de oro,
> las ajorcas de oro,
> las diademas de oro.
> Inmediatamente fue desprendido de todos los escudos el oro,
> lo mismo que de todas las insignias.
> Y luego hicieron una gran bola de oro,
> y dieron fuego,
> encendieron,
> prendieron llama a todo lo que restaba,
> por valioso que fuese: con lo cual todo ardió.
> [...] Los españoles lo redujeron a barras.
> [...] Todo lo cogieron,
> de todo se adueñaron,
> todo lo arrebataron como suyo.

Mientras tanto, en Cuba, el gobernador, enterado de la insubordinación de Cortés, confiscó sus bienes en la isla y envió un ejército al mando de Pánfilo de Narváez con una orden expresa: arrestarlo o asesinarlo. Una vez en tierra, un pequeño grupo de avanzada hizo contacto con Cortés, quien recurrió a otro viejo truco: los sobornó con oro. Al enterarse de los detalles de la expedición, el conquistador se adelantó y logró manipular las piezas. Repartió oro y promesas y salió a darle la bienvenida a Narváez. Una bienvenida —hay que decirlo— completamente armada, por lo que dejó en Tenochtitlan una guarnición de sólo ochenta hombres al mando de Pedro de Alvarado.

Con el factor sorpresa de su lado, Cortés, a la cabeza de un ejército diminuto comparado con los mil cuatrocientos hombres, ochenta caballos, veinte piezas de artillería y mil auxiliares isleños que llegaron de Cuba, venció a su oponente con rapidez y prácticamente sin ninguna baja. Los sobornos que repartió habían funcionado.

Ante los tesoros, ante las historias y ante las promesas, Pánfilo de Narváez se rindió sin condiciones y aclamó al conquistador como nuevo jefe. Las fuerzas invasoras se habían fortalecido en más de un sentido, porque entre aquellos hombres venía un esclavo africano recién contagiado de viruela, enfermedad que no existía en este continente. A causa de la epidemia, en ciertas zonas del país, la mortandad alcanzó a noventa por ciento de la población.

A kilómetros de distancia, en Tenochtitlan, las cosas no pintaban mejor. Mientras los mexicas celebraban su festividad religiosa en honor a Huitzilopochtli, para la cual habían recibido el visto bueno de Pedro de Alvarado, se desató la masacre. El propio Alvarado ordenó cerrar las puertas y comenzar a asesinar a los mexicas. «Dieron un tajo al que estaba tañendo el tambor, le cortaron ambos brazos y luego lo decapitaron. Lejos fue a caer su cabeza cercenada. Otros comenzaron a matar con lanzas y espadas; corría la sangre como el agua corre cuando llueve, y todo el patio estaba sembrado de cabezas, brazos, tripas y cuerpos de hombres muertos», recuerda Sahagún.

Ante la matanza, se agotó la paciencia de los mexicas. Continúa Sahagún: «En ese momento un sacerdote vino a dar de gritos, apresurado decía a grandes voces: ¡Mexicanos! ¿No que no en guerra? Capitanes, mexicanos, venid acá, que todos armados vengan: ¡sus insignias, escudos, dardos! Venid acá de prisa, corred, muertos son los capitanes, han muerto nuestros guerreros, han sido aniquilados. Entonces se oyó el estruendo, se alzaron gritos, y el ululular de la gente que se golpeaba los labios. Y entonces la batalla comienza».

Tratando de calmar los ánimos, Moctezuma se asomó por un balcón. La versión española afirma que murió apedreado por sus propios súbditos; la versión de los vencidos, en cambio, asegura que los conquistadores lo atravesaron a traición con una lanza o tal vez con una espada.

«Queríamoslo tanto, y de tan buenas entrañas que a nosotros de verle llorar se nos enternecieron los ojos, y hubo soldados que lloraban tanto, porque era tanto el amor que le teníamos», había escrito Bernal Díaz del Castillo sobre Moctezuma días antes.

Nobleza de México Tenochtitlan,
asesinada y descuartizada por los españoles.[19]

Al momento de su muerte, prácticamente todo el pueblo repudiaba a Moctezuma, incluso poco antes habían elegido un sucesor: Cuitláhuac, hermano de Moctezuma y señor de Iztapalapa, quien comandó la expulsión de los españoles. A causa de la viruela, no obstante, su gobierno sumó sólo ochenta días.

A su regreso, Cortés se encontró con la furia desatada en Tenochtitlan. Aprovechando la noche, el ejército invasor trató de huir. Intentaron llevarse el tesoro que se mantenía oculto en el palacio; piezas de oro, joyería, todo lo que estaba al alcance de sus manos. Tanto peso cargaban, que los puentes se hundían a su paso.

Era la noche del 30 de junio de 1520, la famosa Noche Triste. Ochenta tamemes (cargadores) tlaxcaltecas llevaban todas las riquezas que recién habían saqueado. Iban escoltados por delante y por detrás por peones, soldados y jinetes. Tan importante era su carga que los españoles arriesgaban todo para asegurarla, pero no llegaron muy lejos cuando fueron descubiertos. Enseguida sonó la voz de alarma y la gran batalla comenzó.

«Una mujer que sacaba agua los vio, y al momento alzó el grito y dijo: Mexicanos... andad hacia acá: ya se van, ya van traspasando los canales vuestros enemigos...», recuerda Sahagún. Y después: «Luego se ponen en plan de combate los que tienen barcas defendidas, siguen, reman afanosos, azotan sus barcas, otros también fueron a pie [...] Lanzan sus dardos contra los españoles, de uno y otro lado los dardos caían, pero los españoles también tiraban a los mexicanos, lanzaban dardos, tiros de arcabuz...».

«No sé para qué lo escribo aquí tan tibiamente, porque unos tres o cuatro soldados que se habían hallado en Italia, juraron muchas veces a Dios que guerras tan bravosas jamás habían visto», escribió Bernal Díaz.

Los españoles, tlaxcaltecas y totonacas que lograron escapar se dirigieron a la calzada de Tlacopan. Cuando amaneció, estaban por el rumbo de Popotla. La leyenda cuenta que justo ahí, bajo en frondoso ahuehuete, Cortés se detuvo a llorar por la derrota.

«Cortés a esto se paró, y aun se sentó, y no a descansar, sino a hacer duelo sobre los muertos», escribió Francisco López de Gómora. Bernal Díaz agrega: «Mirábamos toda la ciudad y los puentes y calzadas por donde salimos huyendo; y en ese instante suspiró Cortés con una gran tristeza, muy mayor a la que antes traía por los hombres que le mataron antes [...]. Acuérdome que entonces le dijo un soldado: "Señor capitán, no esté vuestra merced tan triste, que en las guerras estas cosas suelen acaecer" y Cortés le dijo que ya veía cuántas veces había enviado a México a rogarles con la paz».

En sus cartas al rey, el conquistador siempre afirma que buscó la paz, siempre la paz. «Di muchas razones, rogándoles que no peleasen conmigo pues ninguna razón para ello tenían, y que mirasen las buenas obras que de mí habían recibido y como habían sido muy bien tratados por mí».

Sin embargo, afirma Bernal Díaz: «la tristeza no la tenía por una sola cosa, sino en pensar en los grandes trabajos que nos habría de costar apoderarnos de ella»; de aquella gran ciudad de donde habían sido expulsados. Según Cortés, esa noche murieron ciento cincuenta soldados españoles; según Bernal Díaz, ochocientos setenta. Cálculos modernos estiman que fallecieron alrededor de seiscientos europeos y novecientos tlaxcaltecas.

Durante la Noche Triste, no obstante, sucedió algo que resultaría en extremo relevante para el futuro de la región: los españoles torturaron y asesinaron a Cacama. Aunque aún no lo sabían, con esta acción acababan de apoderarse de Texcoco y de fragmentar la Triple Alianza.

LA NOCHE TRISTE.[20]

Después de veinte días de esperar y curarse las heridas (Cortés perdió dos dedos de la mano izquierda), y aún refugiados en terrenos de los tlaxcaltecas, se desató la epidemia de viruela. «Milagrosamente nuestro Señor Dios envió gran pestilencia sobre todos los indios de esta Nueva España, en castigo de la guerra que habían hecho a sus cristianos por él enviados», asegura Sahagún.

Lo cierto es que aquella enfermedad se consideró el castigo que los dioses les habían impuesto por el delito de haberlos combatido, como lo rememora el mismo cronista:

Muchas gentes murieron de ella.
Ya nadie podía andar, no más estaban acostados,
tendidos en su cama.
No podía nadie moverse,
no podía nadie volver el cuello,
no podía hacer movimientos de cuerpo:
no podía acostarse cara abajo,
ni acostarse sobre la espalda,
ni moverse de un lado a otro.
Y cuando se movían algo, daban de gritos [...].
Muchos murieron de ella,
pero muchos solamente de hambre murieron.

Así lo retrató el Códice Florentino: «Esta enfermedad atacó con especial saña a las mujeres embarazadas. Entre los cuatro y cinco meses de gestación, sufrían abortos repentinos tan sólo para morir ellas mismas poco después».

Aunque en la América precolombina sucedieron algunas epidemias (*cocoliztli*, les llamaban), como la disentería, la influenza y la tuberculosis, no se conocían enfermedades como el sarampión o la viruela, pues ambas tuvieron su origen en el ganado, que no existía de este lado del planeta.

Los mexicas se dieron a la tarea de sacrificar a todos los enemigos capturados. Creyeron que, tras la derrota, aquellos seres abandonarían sus tierras, se irían para siempre. Los rastros de la batalla eran todavía visibles. El lago se encontraba lleno de cuerpos y cabezas, las aguas comenzaron a apestar, a volverse lodazales.

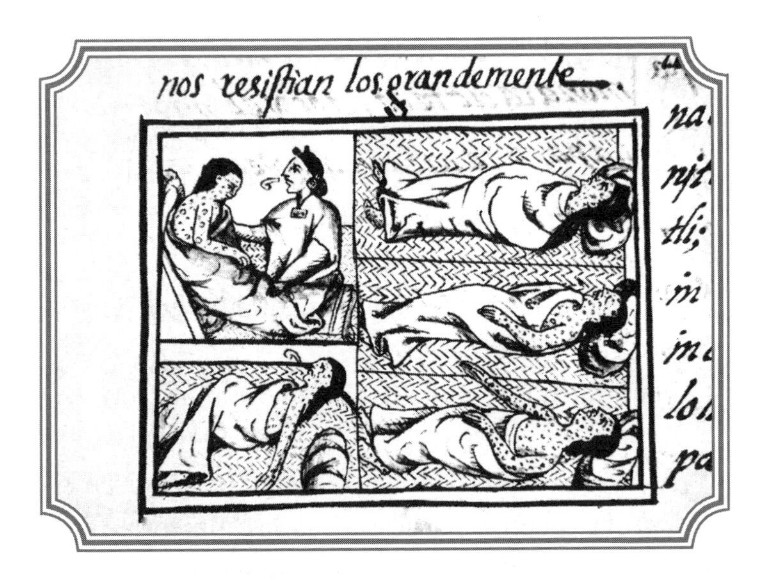

Epidemia de viruela de 1520.[21]

Cortés tuvo tiempo para pensar. Entendió que en un combate cuerpo a cuerpo serían exterminados tarde que temprano, así que decidió sitiar la ciudad. Se apoderó de las poblaciones que se levantaban a la orilla del lago, impidió que ingresaran provisiones a Tenochtitlan y cortó el agua potable que llegaba por medio del acueducto de Chapultepec. Previamente había ordenado traer las piezas de aquellas naves que fueron desarmadas. Al mismo tiempo, comenzó el corte de árboles y la fabricación de la tablazón (tablas que forman las cubiertas y cubren los laterales de una embarcación). Con estos elementos construyeron trece bergantines para realizar un asalto anfibio.

Ante la ausencia de Cacama, su hermano Ixtlilxóchitl, aliado de los españoles, entregó Texcoco. Desde esa ciudad, que contaba con un magnífico embarcadero, los bergantines fueron soltados al lago. Además, nuevos navíos habían llegado desde Cuba y todos los hombres de a bordo se unieron a la causa de Cortés, quien les prometió riquezas y gloria. Por si fuera poco, prácticamente todos los pueblos aledaños decidieron apoyarlos. Chalco, Amecameca, Tlalmanalco, Mixquic, entre otros, les regalaban provisiones a los invasores, los nutrían con guerreros. En el municipio de Texcoco, en el Estado de México, se localiza el lugar exacto en el que, según la tradición, los españoles botaron sus navíos al lago. Este sitio, ubicado en la Avenida Juárez Sur, se conoce como Puente de los Bergantines. Una placa que aún se encuentra ahí, sentencia con dolor: «En un atardecer texcocano, se hundió para siempre, detrás de las montañas, el Quinto Sol de los mexicas».

Así, con un ejército compuesto principalmente por hombres venidos de Tlaxcala, Huejotzingo, Cholula y Chalco, tuvieron lugar batallas despiadadas durante largos días e interminables noches. Es obvio el hecho de que Tenochtitlan haya sido vencida por una fuerza mixta integrada por indios venidos de tantos pueblos; tampoco se trató de algún tipo de traición. Es importante recordar que Azcapotzalco cayó del mismo modo: gracias a una fuerza formada, cuando menos, por guerreros de Tenochtitlan, Texcoco, Tlaxcala, Huejotzingo y Tlalnepantla, quienes sitiaron la ciudad durante ciento catorce días hasta derrotarla. La misma Azcapotzalco llegó a tener una quíntuple alianza.

Como si se tratara de piezas de ajedrez, Cortés colocó estratégicamente a sus hombres de confianza. En sus *Cartas de relación* recuerda que en Tlacopan se instaló Pedro de Alvarado al mando de treinta soldados a caballo, dieciocho ballesteros y escopeteros, ciento cincuenta peones de espada y rodela (escudo), y más de veinticinco mil tlaxcaltecas; Cristóbal de Olid se ubicó en Coyoacán junto con treinta y tres caballos, dieciocho ballesteros y escopeteros, ciento sesenta peones de espada y rodela, y más de veinte mil guerreros indígenas; por su parte, Gonzalo de Sandoval se apropió de Iztapalapa, al mando de veinticuatro jinetes, cuatro escopeteros, trece ballesteros, ciento cincuenta peones de espada y rodela, y más de treinta mil hombres venidos de Huejotzingo, Cholula y Chalco. En total, estima el arqueólogo Eduardo Matos Moctezuma, la fuerza invasora se compuso por ochocientos españoles y alrededor de setenta y cinco mil indígenas.

Pensemos en una de las batallas más desiguales que han tenido lugar: los bergantines —cada uno con veinticinco españoles a bordo— se dedicaban a atacar e incendiar poblaciones, a destruir los puentes. La característica principal del bergantín son sus enormes velas, las cuales le otorgan gran velocidad y agilidad de maniobra. Solían tener hasta una docena de piezas de artillería en la cubierta. Con estas trece embarcaciones sometieron a la ciudad a ochenta días de incesantes bombardeos, de duelos imposibles de bergantines contra canoas. En tierra, el arma principal de los españoles era el arcabuz: un tubo de hierro montado sobre un madero de aproximadamente un metro de longitud que disparaba bolas de plomo calibre 69.

Bergantín español en el ataque de Mexico-Tenochtitlan.[22]

Los alimentos empezaron a escasear, así como el agua limpia. En pocos días, la desesperación comenzó a llegar a la ciudad. Cuitláhuac había muerto a causa de la viruela; el nuevo *huey tlatoani*, Cuauhtémoc (águila o sol que desciende), señor de Tlatelolco, comandaba la resistencia, misma que se atrincheró precisamente en aquel lugar, Tlatelolco. Ahí, incluso las mujeres lucharon para defender la ciudad.

Los mexicas tenían hambre, pero no comida. El agua que se bebía era salitrosa a causa de los muertos que flotaban en el dique y en el lago; lo que se consumía eran lagartijas, golondrinas, las hojas que envuelven al maíz, cuero tatemado, lirio acuático, ratones, incluso el relleno de las construcciones y todo tipo de raíces.

El último signo de desesperación lo escenificaron los tlatoanis de Tlacopan, Azcapotzalco y Texcoco acompañados por un poderoso sacerdote. En la cima de la pirámide de Huitzilopochtli lanzaron un conjuro y miraron un espejo adivinatorio, el cual se oscureció casi por completo. En una orilla aparecieron algunos *macehuales* hambrientos, con las ropas desgarradas. No había más guerreros, sólo miseria y muerte. Entendieron que su futuro se les había revelado. Entonces dijeron, llenos de resignación, las palabras más tristes que se habían pronunciado nunca: «Hay que decirle a Cuauhtémoc que baje, que bajemos todos. México está perdido».

Llovió toda la noche y a la mitad del lago se observó una señal sobrenatural: una columna de fuego; una especie de espiral que subía y bajaba y lanzaba chispas. Avanzó, siguió avanzando hasta extinguirse entre las aguas. No quedaba absolutamente nada por hacer. Al día siguiente, Cuauhtémoc, el último *huey tlatoani*, se entregó de manera pacífica con tal de que su pueblo dejara de sufrir. Los mexicas «No pelearán ya más cuando vean que su príncipe ha sido apresado», le dijo a su captor.

Cuando estuvo frente a Cortés, simplemente suspiró. «Señor Malinche, ya he hecho lo que soy obligado en defensa de mi ciudad y vasallos, y no puedo más, y pues vengo por fuerza y preso ante tu persona y poder. Toma ese puñal que tienes en la cinta y mátame luego con él».

El sentido de las palabras de Cuauhtémoc fue terrible, pero al mismo tiempo glorioso: toma ese puñal y mátame. Lo que para Cortés era simplemente un signo de derrota, para el *huey tlatoani* era completamente distinto: mátame; es decir, sacrifícame. El destino de todo guerrero, morir en combate o en sacrificio; dar su sangre en ofrenda y entonces acompañar al sol. Volver a Huitzilopochtli.

El conquistador, no obstante, lo tranquilizó. Le aseguró que nada tenía que temer y que tanto él como su pueblo serían respetados. Justo en ese momento, los mexicas comenzaron a huir de la ciudad. Los españoles, sin embargo, olvidaron de inmediato su promesa.

Así lo narraron los informantes de fray Bernardino:

> Empezó la huida general.
> Unos van por agua, otros van por el camino grande.
> Aun allí matan a algunos:
> están irritados los españoles

porque aún llevan algunos sus macanas y su escudo.
Algunos se fueron puramente por el agua.
A unos les daba hasta el pecho,
a otros les daba el agua hasta el cuello,
y algunos se ahogaron en el agua más profunda […].
Por su parte, los españoles, al borde de los caminos
están requisando a la gente. Buscan oro.
Nada les importan los jades, las plumas de quetzal y las turquesas.
Y por todos lados hacen rebusca los cristianos.
Les abren las faldas, por todos lados les pasan la mano,
por sus orejas, por sus senos, por sus cabellos.
Y también se apoderan, escogen entre las mujeres las blancas,
las de piel trigueña, las de trigueño cuerpo.
Y algunas mujeres a la hora del saqueo
se untaron de lodo la cara
se pusieron como ropa andrajos.

Y más adelante:

También fueron separados algunos varones.
Los valientes y los fuertes, los de corazón viril.
Y también jovenzuelos que fueran sus servidores […].

A unos desde luego les marcaron con fuego
junto a la boca,
a unos en la mejilla, a otros junto a los labios.

Un manuscrito anónimo de Tlatelolco describe la devastación: por las calles pululaban los gusanos, las paredes estaban embarradas de sesos, las aguas se encontraban teñidas de rojo a causa de tanta sangre derramada. Los vencidos lloran:

Hemos comido palos de colorín,
hemos masticado grama salitrosa,
piedras de adobe, lagartijas,
ratones, tierra en polvo, gusanos.

Los estómagos, como sus almas, están vacíos.

El cerco a Tenochtitlan y Tlatelolco, que duró tres meses, tuvo un saldo final, según los españoles, de cien mil mexicanos muertos en combate, además de los muchos que fallecieron víctimas del hambre y la viruela.

«Digo que en tres días con sus noches, en todas tres calzadas, llenas de hombres y mujeres y criaturas, no dejaron de salir y tan flacos y amarillos y sucios y hediondos, que era lástima de verlos», consignó Bernal Díaz.

En uno de los muros de la iglesia de la Concepción, en el cruce de las calles Tenochtitlan y Constancia, en el barrio de Tepito, se encuentra incrustado un letrero que sentencia: «Tequipeuhcan (lugar donde empezó la esclavitud). Aquí fue hecho prisionero el Emperador Cuauhtemotzin».

No hay lugar para falsas interpretaciones, el mensaje es claro y doloroso: lugar donde empezó la esclavitud.

Igualmente, ubicada en la Plaza de las Tres Culturas, en la zona arqueológica de Tlatelolco, una gran placa de piedra recuerda aquel suceso: «El 13 de agosto de 1521, heroicamente defendido por Cuauhtémoc, cayó Tlatelolco en poder de Hernán Cortés. No fue triunfo ni derrota. Fue el doloroso nacimiento del pueblo mestizo que es el México de hoy».

«DEJADNOS YA MORIR...»

La conquista fue un castigo de Dios por los pecados de los indios.

Fray Jerónimo de Mendieta*

La causa por la que han muerto y destruido tantas y tan infinito número de ánimas los cristianos, ha sido solamente por tener el oro y henchirse de riquezas en muy breves días.

Bartolomé de las Casas**

La frase le pertenece a fray Bartolomé de las Casas, un hombre que llegó a la Nueva España como encomendero, pero que, al presenciar la crueldad extrema con la que eran tratados los hombres de esta tierra, dedicó el resto de su vida a luchar por ellos.

---

* Mendieta, Gerónimo de. *Historia eclesiástica indiana.* Edición de Joaquín García Icazbalceta. México, Porrúa, 1980.

** Las Casas, Bartolomé de. *Brevísima relación de la destrucción de las Indias. México,* Fontamar, 1984.w

* * *

La caída de México-Tenochtitlan significó en muchos sentidos la victoria más importante de los conquistadores en el Nuevo Mundo. Las estrategias fueron españolas, pero la carne de cañón, nativa. El Estado más poderoso de Mesoamérica cayó no a causa de la pólvora europea, sino a los resentimientos de los pueblos que se encontraban bajo su dominio.

Después de la victoria, Cortés ordenó que tanto el paño sobre el cual se encontraba estampado el escudo de armas, como las armas mismas, tuvieran la siguiente inscripción en latín: *Judicium Domini Aprehendit eos, et fortitudo ejus corroboravit brachium meum*, que significa: «La voluntad del Señor los conquistó y su fortaleza robusteció mi brazo».

Algunos cronistas, entre ellos Sahagún, compararon y justificaron la destrucción de la ciudad con la destrucción de Jerusalén. Para los mexicas, en cambio, la derrota significó el fin de su mundo, el término de su era: la caída del *Nahui Ollin* o Quinto Sol.

Ellos, el pueblo elegido, el pueblo del sol, los *macehuales*, los merecidos por la penitencia, los que existían gracias al sacrificio de un dios, los protegidos por Huitzilopochtli, los encargados de mantener con vida al gran astro gracias al agua preciosa, los que en los cantos y las flores encontraban la hermosura de Dios sobre la Tierra… Ellos… Ellos eran ahora los injustamente despojados.

FIGURA 23. CAÍDA DE TENOCHTITLAN.[23]

Habían destruido su ciudad, habían destruido su universo. Habían destruido también el centro mismo de gravedad en torno al cual todo giraba, todo comenzaba, todo terminaba: el Templo Mayor. Había llegado la hora de morir.

En los *Cantares mexicanos* puede leerse un desgarrador verso:

Llorad, amigos míos,
tened entendido que con estos hechos
hemos perdido la nación mexicatl.
¡El agua se ha acedado, se acedó la comida!
Esto es lo que ha hecho el Dador de la vida en
    Tlatelolco.

Sí, se sentían abandonados; traicionados por Dios.

Los españoles, en tanto, no perdieron el tiempo: continuaron el saqueo desmedido y la destrucción de imágenes y templos. Necesitaban material para construir sus nuevos edificios; lo más sencillo fue utilizar las piedras de los antiguos templos.

Cuando los mexicas sometían a un pueblo, parte del tributo que pagaban los perdedores era mano de obra para ampliar el Templo Mayor. Sucedió algo similar luego del triunfo de los españoles. En menos de quince años, a partir de la caída de Tenochtitlan, el valle de México y sus alrededores se encontraban ya poblados de iglesias y monasterios levantados por órdenes de los nuevos amos.

Edificios bien instalados, perfectamente construidos, todos con su rigurosa campana. Motolinía asegura que en el área existían por lo menos diez monasterios, cada uno con suficientes religiosos. La profusión de templos católicos era tan grande que incluso, afirma, había pueblos con más de diez iglesias. Desde 1530, y por iniciativa de fray Juan de Zumárraga, se establecieron también centros de enseñanza para muchachas, confiados a religiosas.

Por diversas razones, los templos debían ser enormes, vistosos, de muros altos y con grandes atrios. Entre otras, porque no solamente servían para efectuar ceremonias religiosas, sino también porque fungían como escuelas, hospitales, talleres, conventos, almacenes y fuertes. Fueron típicos de estos templos los atrios, las capillas abiertas y las capillas posas; elementos arquitectónicos con fines pastorales. Pero además, los nuevos templos no podían desmerecer o verse minimizados ante los imponentes centros ceremoniales o ciudades sagradas que los nativos conocían, como Tenochtitlan, Tula, Teotihuacan, Cholula, Monte Albán o los innumerables vestigios localizados en la región maya.

Una característica más se volvió indispensable en este tipo de construcciones: la cruz atrial; una gran cruz colocada y elevada a la mitad del atrio o en algún sitio igualmente visible. Los nativos adoptaron el signo de la cruz y le concedieron verdadera importancia, tal vez por el parecido con el símbolo del *Nahui Ollin*. Es posible, pero resulta imposible saberlo con certeza. Motolinía lo detalla: «Está tan ensalzada en esta tierra la señal de la cruz por todos los pueblos y caminos, que se dice que en ninguna parte de la cristiandad está tan ensalzada, ni adonde tantas y tan altas cruces haya; en especial las de los patios de las iglesias, las cuales cada domingo se adornan con muchas rosas y flores».

Los frailes, por su parte, entendieron poco a poco la importancia que para los mexicas tenían ciertos elementos rituales, como los cantos, las danzas y las representaciones teatrales, y los fueron incorporando como un efectivo método de evangelización. Así nacieron, por ejemplo, las posadas, las piñatas y las pastorelas. Introducir la celebración de la Navidad resultó sencillo, pues alrededor del 25 de diciembre (posiblemente el 21) los mexicas festejaban el nacimiento de su sol, de su niño sol, Huitzilopochtli.

Los frailes comenzaron a componer cantos cristianos para tratar de que los indígenas sustituyeran sus cánticos antiguos, los cuales, insistían, eran de inspiración demoníaca. Incluso, animaban a los recién bautizados a componer nuevos cantos, pero esta vez, desde luego, que hablaran y exaltaran la nueva doctrina. Uno de los casos más famosos fue el de un hombre nativo de Azcapotzalco llamado Francisco Plácido. Estudiante del Colegio de Santa Cruz de Tlatelolco y discípulo de Sahagún, compuso un curioso canto navideño en 1553. Lo relevante del caso son los conceptos que utilizó para ello:

> En la casa de las plumas preciosas
> en la orillas del camino,
> allá tú estás,
> tú, doncella santa María,
> allí has hecho nacer al hijo de Dios.
> Con variadas piedras preciosas
> sea Él suplicado.
> Variadas aves
> tus quecholes, Dios, cantan aquí.

Un sencillo canto, un simple villancico, pero que exalta en unos breves conceptos gran parte de la teología mexica: casa de las plumas preciosas, doncella, piedras preciosas, aves y cantos. La evangelización existió, pero no partió de cero: los nativos americanos concibieron al Dios europeo desde las raíces mesoamericanas.

Captura de Cuauhtémoc.[24]

Lejos de esta visión dulcificada, sin embargo, los conquistadores establecieron la esclavitud, incluso matizada bajo el nombre de las populares «encomiendas». Torturaron a Cuauhtémoc para obligarlo a que revelara el sitio en donde encontraban ocultas esas grandes riquezas que los españoles codiciaban. Después, cuando no obtuvieron nada, ahorcaron al último *huey tlatoani* de Tenochtitlan luego de acusarlo de conspiración. Para justificar sus acciones, Cortés las vistió siempre con el ropaje de la fe: antes de ahorcarlo, ordenó que Cuauhtémoc fuera bautizado con nombre cristiano.

Las últimas palabras del joven *tlatoani* son reveladoras, como lo recuerda Bernal Díaz: «Oh, Malinche, días hacía que yo tenía entendido que esta muerte me habías de dar y había conocido tus falsas promesas, porque me matas sin justicia. Dios te las demande, pues yo no me la di cuando a ti me entregué en mi ciudad de México».

Muerte de Cuauhtémoc.[25]

De todo lo que consiguieron en estos saqueos, se separó el riguroso Quinto del Rey; el impuesto que debían pagar a Castilla, que consistía en la quinta parte o veinte por ciento de todo lo obtenido. Oro, plata, ropas finas, telas hermosamente bordadas, plumas esplendorosas, perlas, cerámica, «huesos de gigante» (tal vez huesos de mamut), incluso animales exóticos como aves y jaguares, y desde luego esclavos. Tres carabelas partieron hacia España con este tributo al rey Carlos I. Ninguna llegó a su destino. Fueron asaltadas en medio del Atlántico por el pirata francés Jean Fleury. Los conquistadores fueron hechos prisioneros. Durante su vida como corsario, Fleury atracaría más de ciento cincuenta naves españolas cargadas con riquezas robadas en estas tierras.

Luego de repartir el Quinto del Rey, separar el porcentaje de Cortés, los sueldos a los capitanes y los gastos de la expedición, el resto de los conquistadores (la tropa en general) tuvo que dividirse setenta pesos. Setenta pesos a repartir entre todos, siendo que una espada costaba cincuenta pesos. Ésa fue su recompensa.

A causa de la peste provocada por los miles de cadáveres en descomposición, Cortés tuvo que abandonar Tenochtitlan y construir su nueva morada en Coyoacán. Desde ahí, entendió que organizar nuevas expediciones era urgente, pues requería más oro para repartir y así mantener tranquilos a sus hombres, quienes ya comenzaban a manifestar enojo. Las conquistas a punta de sangre y espada se extendieron por gran parte del territorio, incluso sobre imperios como el purépecha, que se habían rendido de forma voluntaria. Prácticamente nadie se salvó de la violencia, aunque hubo pueblos aliados y otros que jamás fueron sometidos.

En el códice *Descripción de la Ciudad y Provincia de Tlaxcala* se muestra una escena por demás impactante: la ejecución pública de ocho indígenas; cinco hombres y una mujer, ahorcados, además de dos hombres quemados en la hoguera ante los ojos de dos frailes franciscanos. El texto que acompaña a la imagen no deja lugar a dudas: «Justicia grande que se hizo de cinco caciques muy principales de Tlaxcala y de una mujer señora de aquella tierra porque de cristianos tornaron a idolatrar y dos demás destos fueron quemados por pertinaces por mandado de Cortés [...]. Con esto se arraigó la doctrina cristiana».

El adjetivo *pertinaces* significa «obstinados, tercos», y la explicación aclara el escenario: «Con esto se arraigó la doctrina cristiana».

Paralelamente a este tipo de acciones sanguinarias, sucedieron dos hechos que se deben destacar. El primero de carácter social: a la nobleza mexica y tlaxcalteca se les respetaron sus títulos, posesiones y privilegios. Todo el pueblo tlaxcalteca, por ejemplo, fue reconocido con hidalguía. El linaje de Moctezuma, en tanto, recibió el mismo trato que los nobles más distinguidos tanto de España como de la Nueva España. De hecho, a los descendientes del *huey tlatoani* se les pagó una compensación anual por concepto de «uso

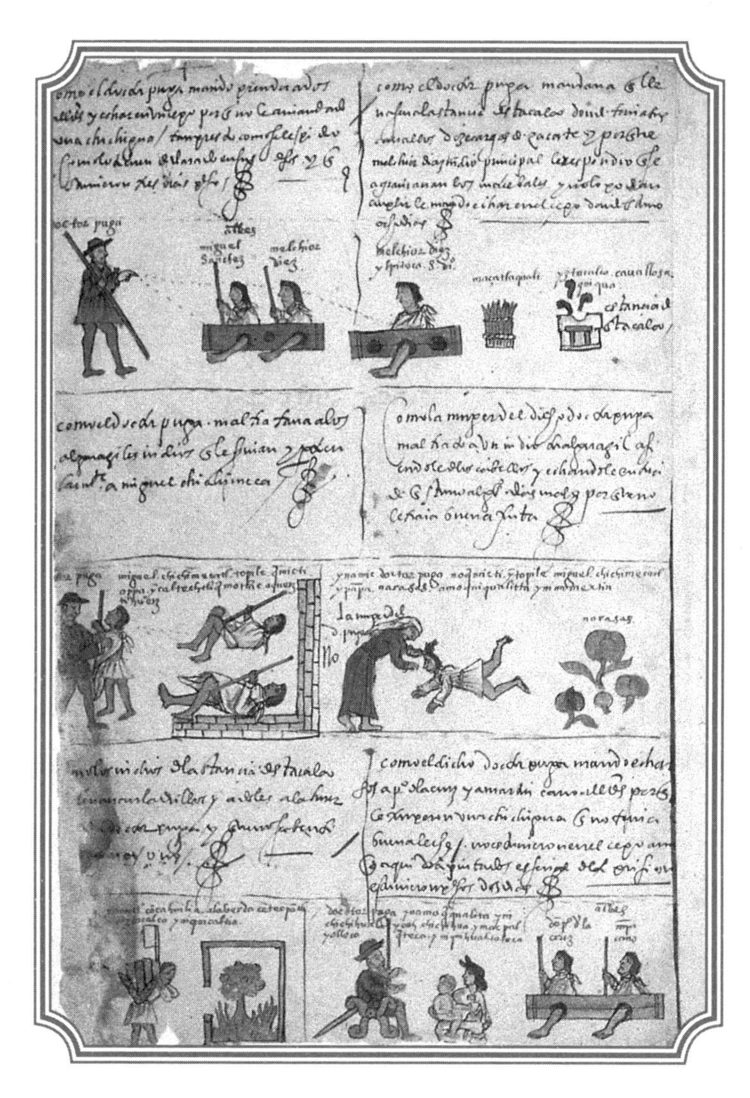

El maltrato a los indios.[26]

del suelo y los cauces fluviales legítimamente reconocidos como propiedad de los Moctezuma», que incluían los terrenos donde se levantan el Zócalo, Palacio Nacional, la Catedral y una enorme porción de Tacuba. Tras la Independencia, la pensión anual se fijó en 5238 pesos oro. Este pago continuó más de un siglo, hasta que fue suspendido en 1934, durante el gobierno del presidente Abelardo L. Rodríguez.

En la España moderna existen todavía descendientes del famoso monarca. Incluso, se afirma que Cayetana, la renombrada duquesa de Alba, pertenecía a este linaje.

Lo cierto es que durante el siglo XVI, entre doscientos y trescientos nativos americanos viajaron a España. De ellos, alrededor de cincuenta lo hicieron por su propia voluntad y con el fin de preservar sus títulos y derechos, así como para quejarse de los abusos que sufrían. Principalmente los viajeros mayas y tlaxcaltecas lograron ser escuchados y sus demandas fueron atendidas.

El segundo fenómeno que sucedió —éste absolutamente afortunado— fue la lucha por los derechos de los americanos llevada a cabo por los frailes y misioneros.

Cuenta Motolinía que los soldados se quejaban de la defensa de los nativos llevada a cabo por los religiosos. «Estos frailes nos destruyen, y quitan que no estemos ricos, y nos quitan que se hagan los indios esclavos; hacen bajar los tributos y defienden a los indios y los favorecen contra nosotros».

La respuesta de los misioneros era peculiar y no exenta de malas interpretaciones: «Si nosotros no defendiésemos a los indios, ya vosotros no tendríais quién os sirviese. Si nosotros los favorecemos, es para conservarlos, y para que tengáis ustedes quién os sirva. Al defenderlos y enseñarlos, a vosotros servimos y vuestras conciencias descargamos. Cuando de ellos os encargasteis, fue con obligación de enseñarlos, por tanto, no tenéis otro cuidado sino que os sirvan y os den cuanto tienen o puedan tener».

Con la expedición de Cortés llegaron a esta tierra dos sacerdotes. Luego de la caída de Tenochtitlan, arribaron tres frailes mercedarios y tres franciscanos, entre ellos fray Pedro de Gante.

Uno de los primeros frailes franciscanos que pisaron estas tierras, en 1521, fue un singular hombre llamado fray Pedro Melgarejo, quien se dio a la tarea de venderles a los conquistadores bulas de la Santa Cruzada. Estas bulas fueron muy populares precisamente durante las Cruzadas: las campañas militares impulsadas por diversos Papas que tenían como finalidad asumir el control de Tierra Santa. Por medio de estos documentos se les concedían ciertos privilegios e indulgencias a los soldados que pelearan contra los sarracenos, que era el nombre genérico con que se referían a los musulmanes durante la Edad Media. Desde luego, estas bulas tenían un precio y el dinero recaudado con su venta se utilizaba para solventar los gastos de campaña.

Cuando fray Pedro Melgarejo comenzó a venderlas en el Nuevo Mundo, en automático convirtió a la conquista en una especie de guerra santa. Se trató, desde entonces, de un conflicto entre la religión católica y el mundo infiel; de una gran batalla en nombre del Dios cristiano en la que absolutamente todo estaba justificado. Todas las acciones, por crueles que parecieran, se realizaban en nombre del *verdadero Dios*.

Tres años más tarde, el 13 de mayo de 1524, desembarcó en San Juan de Ulúa la misión franciscana de «Los doce» (inspirada en el número de los apóstoles de Jesús), a cuyos integrantes se les considera los padres de la Iglesia en México, pues los sacerdotes que venían con Cortés realizaban funciones exclusivas de capellanes castrenses, al servicio espiritual de los soldados. Por consiguiente, no se enfocaron en la evangelización de los nativos. Los doce, en cambio, venían con la tarea exclusiva de convertirse en misioneros. Así se los había dicho el general de la Orden Franciscana: «Inflamados en el amor de Dios y del prójimo, llevad la bandera de la Cruz en partes extrañas y perded la vida, si es necesario, con mucha alegría».

Dos años después de su arribo, estos frailes predicadores se establecieron en la ciudad de México, luego de hacer el recorrido a pie desde Veracruz. Al año siguiente, fray Juan de Zumárraga fue electo como primer obispo de la Diócesis de México. Tomó posesión de la sede en 1528, aunque fue consagrado hasta 1533 en Valladolid, España.

Este fraile franciscano, que fue represor de brujas en el País Vasco, introdujo la imprenta a la Nueva

España, además de fundar la Real y Pontificia Universidad de México, antecesora de la actual UNAM. El rey Carlos I, además de nombrarlo obispo gracias a la facultad que heredó de su abuela, la reina Isabel, lo denominó «Protector de los indios».

En realidad, la vida y obra de este obispo son de suma importancia para poder entender los primeros años de la Nueva España. El rey Carlos I lo conoció cuando el fraile era guardián del convento de Abrojo, en Valladolid. Desde un principio vio en él ciertas cualidades que le interesaron, específicamente su rigidez y su caridad. Por eso, cuando se erigió el obispado de México, no tuvo dudas en designarlo para el cargo.

Mientras esto sucedía en España, las cosas en el Nuevo Mundo iban de mal en peor. Para sacar de la jugada a Hernán Cortés quien, desde su residencia en Coyoacán, e investido con los títulos de Capitán general y Justicia mayor, preparaba nuevas conquistas, el rey Carlos I estableció una nueva forma de gobierno en 1527: la Primera Real Audiencia de México, presidida por Nuño de Guzmán, un hombre de dolorosa memoria. Para comprender esto, baste recordar que fray Bartolomé de las Casas lo calificó de «gran tirano». Tres siglos después, el escritor e historiador Vicente Riva Palacio afirmó que fue el hombre más perverso de cuantos pisaron la Nueva España.

De entre la triste memoria que envuelve a Guzmán, sobresalen dos hechos: la crueldad ilimitada con que trató a los indígenas al conquistar el actual Occi-

Fray Juan de Zumárraga.[27]

dente mexicano, y su «logro» de que los esclavos subieran de precio y se cotizaran a cuatro pesos de oro de minas por cabeza.

Ante este escenario, Zumárraga, en su papel de protector de indios, envió una carta al rey en 1529, en la cual denunciaba la situación y recomendaba sustituir a los miembros de la Audiencia. Nuño de Guzmán y los demás integrantes del gobierno, enterados de todo esto, decidieron contraatacar y difamaron al franciscano. El rey escuchó ambas versiones. Lo primero que hizo fue prescindir de los miembros de la Audiencia y sustituirlos por españoles de moral probada, entre quienes se encontraba el benévolo Vasco de Quiroga. Esta Segunda Audiencia entró en funciones en 1530. Sin embargo, para demostrar su honorabilidad, Zumárraga se vio forzado a comparecer ante la corte. Viajó a España a principios de 1532. Una vez comprobados sus dichos —entre ellos que Nuño de Guzmán había esclavizado a quince mil nativos— fue consagrado obispo. Finalmente, cuando volvió a la Nueva España, se hizo acompañar de familias de artesanos, quienes comenzaron a instruir a los indígenas en artes y oficios.

Zumárraga creó también el primer hospital (llamado Amor de Dios), la primera biblioteca del continente y los colegios de San Juan de Letrán y el de Santa Cruz de Tlatelolco, que desempeñaría, este último, un papel relevante en torno al hecho mariano, pues en ese lugar, y a instancias de fray Bernardino de Sahagún, se escribió el *Nican Mopohua*.

Este colegio fue fundado en 1536 por el obispo Zumárraga y por el primer virrey, Antonio de Mendoza. Desde un principio estuvo destinado a la educación de niños indígenas de entre diez y doce años. Bajo un estricto régimen de internado, se les enseñaba filosofía, música, retórica, medicina tradicional (remedios prehispánicos), español y latín. Todo esto, con el propósito de forjar jóvenes virtuosos, catequistas y futuros líderes y caciques que gobernaran los diversos poblados según las instrucciones españolas. Estas aspiraciones, no obstante, se diluirían con el tiempo hasta convertir al noble colegio en una simple escuela.

No todo el historial de Juan de Zumárraga es ejemplar, sin embargo. La verdad es que España tardó muchos años en comprender la magnitud de su «descubrimiento», así como los alcances reales de sus nuevos territorios. Toparse de frente con un continente poblado por millones de personas, algunas de las cuales poseían culturas que superaban gran parte de los conocimientos europeos, no fue sencillo. De hecho, sucedió algo por demás peculiar: se consideró que no fue casualidad el que Colón llegara a América exactamente en el mismo año en que los musulmanes fueron expulsados de la Península Ibérica. En efecto, por entonces se creyó que Dios había premiado a Castilla con un continente lleno de riquezas para agradecerle el haber derrotado a los turcos, enemigos de su Iglesia.

Bajo esta óptica, dominar el territorio era el derecho divino de España. De manera que para justificar su presencia, desde un principio los conquistadores se dieron a la tarea de «aconsejar» a los nativos que abrazaran al cristianismo como religión y no sólo olvidaran, sino que repudiaran, sus antiguas creencias, leyes y costumbres.

No existía nada parecido a lo que hoy llamamos inculturación. Se cometieron excesos dolorosos, crímenes que ahora denominaríamos de *lesa humanidad*. Nos situamos en los albores del siglo XVI, en los bordes que separan la Edad Media del Renacimiento.

Es importante colocar todo esto en perspectiva pues es sencillo meter a todos los españoles en el mismo costal; repudiarlos al analizar los hechos históricos fuera de su contexto; condenarlos a todos por igual.

Fray Juan de Zumárraga actuó según las circunstancias de su tiempo. Protegió a los nativos y creó instituciones para impulsar su desarrollo, pero también cometió excesos por demás cuestionables: se le levantaron por lo menos treinta y cuatro acusaciones por abusos cometidos en contra de los indígenas y, ya en su papel como inquisidor (fue nombrado de manera oficial en 1535, aunque desde antes ya ejercía ciertas atribuciones), llevó a cabo ciento ochenta y tres causas. Su caso más célebre terminó con una dura reprimenda en su contra por haber enviado a la hoguera a un indígena recién bautizado: el noble texcocano don Carlos Ometochtli Chichimecatecuhtli, en 1539.

Este personaje resulta singular: siendo hijo de Nezahualpilli y nieto de Nezahualcóyotl, y, por tanto, de noble linaje, supo adaptarse a los cambios que se vivían, al grado de que, junto con un comerciante español, montó un peculiar y próspero negocio: injertar árboles frutales europeos en árboles de tejocote.

Tratándose de una persona que no causaba problemas, para todos fue sorprendente cuando se le acusó de «dogmatizante y sostener proposiciones heréticas». En un juicio irregular, en el que no se le probaron los cargos de idolatría, sino solamente el delito de amancebamiento con una de sus sobrinas (infracción que además no era grave), se le condenó a morir en la hoguera. Sorprendente fue también el hecho de que el propio Zumárraga impidió que fueran escuchados los testigos de descargo.

El veredicto impactó tanto a los propios españoles, que Zumárraga consultó al virrey en persona, así como a una serie de altos funcionarios eclesiásticos. Incluso, el mismo Bernardino de Sahagún fue requerido para fungir como intérprete.

Se trató de un caso sin precedentes ante el cual nadie supo qué hacer. Don Carlos murió en una de las formas más terribles, al parecer, para servir como ejemplo.

Al enterarse, el rey reprendió con dureza a Zumárraga. Le advirtió que no debía juzgar a los paganos conversos como si fueran cristianos bien instruidos y ordenó que la Inquisición no juzgara a los indios. Al parecer, la reprimenda surtió efecto, pues de los veintiún juicios en contra de nativos que atendió, sólo éste culminó con sentencia de muerte.

Otras de las acciones del obispo que resultaron tristemente célebres fue la de ordenar una quema de textos antiguos en los que se explicaba el uso ritual de ciertas plantas medicinales. Sin embargo, el prestigiado historiador Joaquín García Icazbalceta afirmó que quienes destruyeron todos estos códices, que se encontraban en Texcoco, fueron los tlaxcaltecas, cuando la ciudad fue tomada en 1520. Algunos autores hacen referencia a una supuesta carta, escrita por el obispo el 12 de junio de 1531, en la que acepta que «se han destruido más de quinientos templos y veinte mil ídolos», pero no dice que él lo hizo ni que ordenó hacerlo. Un dato final: fray Juan de Zumárraga fue uno de los cuatro albaceas del testamento de Hernán Cortés.

Los españoles fueron hombres con ciertas virtudes y muchos defectos que tardarían décadas en comprender la dimensión real de lo que habían «descubierto». A esto se deben en parte todos los crímenes y errores que cometieron: a la ignorancia.

***

¿Qué eran los «indios»? ¿Qué se debía hacer con ellos? Evangelizarlos, sí, lo decían las bulas alejandrinas, pero ¿cómo, a qué precio, usando qué herramientas? ¿Eran seres humanos?, ¿pertenecían a una raza inferior?, ¿debían ser tratados como iguales?, ¿tenían alma, poseían virtudes, cometían pecado?

En 1537, el Papa Pablo III emitiría la bula *Sublimus Dei*, en la que estableció tres puntos principales: que los «indios» eran seres humanos, que debían ser libres y que tenían derecho a gozar de sus bienes, sin importar la fe que profesaran.

Igualmente, en 1542, y gracias a la influencia de fray Bartolomé, el rey Carlos I promulgaría las Leyes Nuevas, las cuales prohibían la esclavitud y las encomiendas. Estas leyes, sin embargo, fueron aplicadas en la Nueva España sólo durante tres años.

La realidad trágica y llana fue que ni las bulas ni las leyes ni los misioneros lograron revertir la situación de esclavitud que sufrían los hombres de este continente. Siglos más tarde, Charles Darwin explicaría la razón sin proponérselo: «A los animales a los que hemos hecho nuestros esclavos, no nos gusta considerarlos nuestros iguales».

En 1521, cuando el Estado mexica fue derrotado, nadie podía suponer siquiera que los vencidos serían tratados con amabilidad, con humanidad, mucho menos con amor. «Es justo y natural que los hombres prudentes, probos y humanos dominen sobre los que no lo son. Con perfecto derecho los españoles imperan sobre los bárbaros del Nuevo Mundo e islas adyacentes, los cuales en prudencia, ingenio, virtud y humanidad son tan inferiores a los españoles, habiendo entre ellos tanta diferencia como [...] de monos a hombres», diría años más tarde el defensor oficial de la conquista, Juan Ginés de Sepúlveda.

La esperanza de los hombres nacidos en este continente se había extinguido ya. Los mexicas, más que ningún otro pueblo, eran muertos que continuaban caminando. Les habían dicho que eran falsas sus creencias, que Ometéotl era el demonio, que todo lo que habían creído estaba equivocado. Se los dijeron por todos los medios, por la fuerza, por el fuego, por la sangre y por la espada. ¿Qué Dios era el que predicaban aquellos invasores? ¿Un Dios de amor que ordenaba que fueran asesinados sin piedad?

Los españoles en general, y muy en especial los frailes, estaban convencidos de que aquellos hechos innombrables (los sacrificios humanos) eran inspirados por el diablo. Era entonces su obligación terminar con la idolatría; exterminar aquel culto a entidades del mal. Fray Francisco de Aguilar aseguraba haber estudiado los ritos de diversas religiones antiguas, pero —escribió— «en ninguna de éstas he leído ni visto tan abominable modo y manera de servicio y adoración como era la que estos hacían al demonio».

El mismo Motolinía lo reafirmaría: «En esta Nueva España siempre había muy continuas y grandes guerras, los de unas provincias con los de otras, adonde morían muchos, así en las peleas, como en los que prendían para sacrificar a sus demonios». En otro lugar, asegura: «estos indios tenían otras muchas y endiabladas hechicerías e ilusiones con que el demonio los traía engañados».

Para los nativos, todo estaba terminado. Su universo, su mundo, su cultura, incluso su espíritu. No existía ninguna forma de esperanza.

El cronista Alfonso de Zorita lo describe de una manera desgarradora: «Esta gente se va disminuyendo y acabando [...]. Un religioso de mucha autoridad me dijo que [...] supieron él y otros de su orden, que en Oaxaca habían acordado todos los indios no tener acceso a sus mujeres, ni con otras, o buscar medios para impedir la generación, o para que malpariesen las que quedaran preñadas [...] no querían tener hijos para que no viniesen a pasar los trabajos que ellos pasaban. En Michoacán, Colima y por todas partes sucedía lo mismo [...] y con toda razón, ¿para qué querían vivir quienes todo lo habían perdido con la muerte de sus dioses?».

Los ánimos de los nativos se encontraban sumamente lejos del optimismo que mostraban los españoles. Motolinía escribió sobre este espejismo: «Ahora, por la bondad de Dios, se ha convertido y vuelto en tanta paz y quietud, y están todos en tanta justicia». La realidad era diferente y era dolorosa hasta el extremo.

En un diálogo entre sabios mexicas sobrevivientes y los primeros frailes franciscanos, se encuentra plasmado todo el dolor y la tragedia del final de su universo.

Primero, los sabios despliegan su más profunda reverencia, a manera de saludo, incluso humillándose, como era lo habitual en la cortesía mexica. Dicen: «Señores nuestros, seáis muy bien venidos; gozamos de vuestra venida, todos somos vuestros siervos, todo nos parece cosa celestial».

Después, muestran su genuina confusión, su verdadera angustia, pero todavía con modestia: «Nosotros, que somos bajos y de poco saber, ¿qué podemos decir? [...] No nos parece cosa justa que las costumbres y ritos que nuestros antepasados nos dejaron, tuvieron por buenas y guardaron, nosotros, con liviandad, las desamparemos y destruyamos».

Tienen razón en sentirse así. Muestran ansiedad, algo por dentro los ahoga. No pueden traicionar sus creencias, no pueden ir en contra de lo que son, de lo que sus mayores les enseñaron. No pueden simplemente cambiar sus raíces y sustituirlas por nuevas enseñanzas. La sola idea de hacerlo es inconcebible. Por eso, en un encuentro posterior, uno de aquellos sabios hablará con franqueza y les dirá que tienen miedo de encolerizar a sus dioses si renuncian a ellos, pero también tienen miedo de la reacción del pueblo si llegan a aceptar que sus dioses son falsos o malévolos.

Les dice a los franciscanos: «Mirad que no incurramos en la ira de nuestros dioses. Mirad que no se levante contra nosotros la gente popular si les dijéramos que no son dioses los que hasta aquí siempre han tenido por tales». Aquel sabio termina aceptando que fueron vencidos, pero no acepta la derrota: «Basta con haber perdido, basta con que nos hayan dominado [sin embargo], en lo que toca a nuestros dioses, antes moriremos que dejar su servicio y adoración».

Como una dolorosa conclusión, los sabios mexicas exclaman:

Dijisteis que no conocíamos
al Señor del Cerca y del Junto
a aquel de quien son los cielos y la Tierra.
Dijisteis que no eran *verdaderos* nuestros dioses.

Nueva palabra es esta, la que habláis.
Por ella estamos perturbados
por ella estamos molestos,
porque nuestros progenitores,
los que han vivido sobre la Tierra,
no solían hablar así [...]

No podemos estar tranquilos,
y ciertamente no creemos aún,
no lo tomamos por *verdad*,
aun cuando los ofendamos [...]

Es ya bastante que hayamos perdido.

Haced con nosotros lo que queráis [...],
dejadnos, pues, ya morir,
dejadnos ya perecer,
puesto que nuestros dioses han muerto.

Destaco con cursivas tres conceptos que se encuentran íntimamente relacionadas. Bajo el concepto de las flores y los cantos (*In xochitl in cuicatl),* solamente podía ser verdad lo que tuviera raíz y fundamento, lo que viniera de antes, todo aquello que fuera estable; es decir, las enseñanzas de sus antepasados. El resto, todo lo nuevo, lo venido de otra parte, era lógicamente falso, pues carecía de sustento y tradición.

Fray Diego Durán lo explica en una de sus crónicas: «No hay gente en el mundo, ni la ha habido, que con más temor y reverencia honrase a sus mayores. A los que irreverenciaban a los viejos, padres o madres, les costaba la vida. Lo que más enseñaba esta gente a sus hijos era respetar y apreciar a los ancianos de todo género, dignidad y condición que fuesen».

La *huehuetlamanitiliztli* era la «regla de vida de los ancianos» o la «antigua regla de vida». Es decir, las enseñanzas que contenían las tradiciones, las costumbres, la doctrina de sus antepasados, lo que siempre se había hecho y creído. En una palabra, la verdad, lo que poseía fundamento. Esto era lo definitivo.

Cuando los sabios mexicas dicen «Nueva palabra es esta, la que habláis», se refieren a la *Yancuic tlatolli,* la palabra nueva que, por carecer de raíz y de cimiento, es una falsedad. Se trataba de simple lógica: nada de lo dicho por aquellos recién llegados —los españoles— podía ser veraz. No había nada más que discutir: el catolicismo era falso. No era un modo genuino de acercarse a Dios.

Esto resultaba devastador para los mexicas: por un lado les aseguraban que sus creencias no eran verdaderas; por otro, los obligaban a creer y a profesar una mentira. Encima de todo, para ellos, la nueva religión lucía como la gran contradicción: mientras los frailes les predicaban a un Dios de amor, los conquistadores y encomenderos les fabricaban una realidad de horror.

Los mexicas poseían sacerdotes ejemplares. Cortés mismo se lo narra al rey Carlos I en una de sus cartas: «los naturales de estas partes tenían personas religiosas que entendían sus ritos y ceremonias, y eran tan intachables, así en honestidad como en castidad, que si en algo fallaban, eran castigados con la muerte».

Los españoles, en cambio, salvo un puñado de notables y amorosos casos, no ofrecían nada de esto: ni tradición ni arraigo ni buenos testimonios. No existían esperanzas. Sin flores, sin cantos, sin raíces, ¿de dónde podrían sostenerse? ¿A qué podrían enraizarse?

No fue exageración cuando lo rogaron sin aliento:

Dejadnos ya morir,
dejadnos ya perecer,
puesto que nuestros dioses han muerto.

«¿No estoy yo aquí...?»

Fray Toribio de Benavente, Motolinía, escribió: «Estos indios casi no tienen estorbo que les impida ganar el Cielo [...] porque su vida se contenta con tan poco [...]. No se desvelan en adquirir ni guardar riquezas, ni se matan por alcanzar estados ni dignidades [...] son pacientes, sufridos sobre manera, mansos como ovejas; nunca me acuerdo haber visto guardar injuria; humildes, a todos obedientes, ya de necesidad, ya de voluntad, no saben sino servir y trabajar».

Estos hombres buenos, de alma virtuosa, que en gran medida vivían en armonía con su entorno, fueron explotados, saqueados, asesinados. De ser los amos de su mundo, los orgullosos de su estirpe, fueron convertidos en esclavos. Todo les fue arrebatado, incluso la esperanza. Quedaron bajo el yugo despiadado de sus nuevos dueños.

Hubo desde luego conversiones sinceras y bautizos de hombres que aceptaron la nueva fe estando convencidos, y esto se debió al amoroso ejemplo de servicio y humildad por parte de algunos de los primeros frailes, pero en un principio no fue el caso de la mayoría.

Lo cierto es que la situación no parecía mejorar y ni el presente ni el futuro lucían alentadores para estos hombres despojados. Ya como obispo de México y protector de los indios, fray Juan de Zumárraga se quejaba con el rey: «Los jueces del tribunal supremo, con malsana avaricia, cometen toda suerte de abusos. Se reparten entre ellos a miles de indios, encadenan esclavos, venden la justicia, toman a nobles indígenas como rehenes para pedir luego un rescate y todo para acumular cada vez más riquezas».

Los nativos no tenían oportunidad de ser felices, de ser libres, de recobrar lo mucho que les había sido robado. ¿Cómo caminar por en medio de esta tierra? ¿Cómo, de qué manera, sobrevivir a tanta muerte? ¿Cómo se les podía predicar un Dios de Vida si sus nuevos amos, los españoles, los habían crucificado? ¿De qué raíces podrían sostenerse?

* * *

El 9 de diciembre de 1531 ocurrió un hecho extraordinario. Este suceso se encuentra registrado en un breve documento sin título conocido popularmente como *Nican Mopohua*, a causa de las dos palabras con que comienza el texto y que significan «Aquí se cuenta» o «Aquí se narra». El náhuatl en que está escrito es rico y elegante, con abundantes y hermosísimas metáforas que por desgracia se pierden en la traducción al español. Ésta es la razón por la cual se descarta que pudiera ser obra de un fraile español, pues un europeo del siglo XVI no habría podido expresarse de esta manera en náhuatl ni mucho menos construir la narración dentro del infinito universo indígena al que el texto hace continuas e implícitas referencias, lo cual nos lleva a otro punto: sólo los nativos lograron entenderlo en su totalidad. Esto es por demás notable: el *Nican Mopohua* posee diversos paralelismos con ciertas enseñanzas y códices antiguos. A lo largo del texto realiza múltiples referencias, muchas veces veladas o al menos no explícitas, con numerosas cuestiones que podemos leer en las narraciones y crónicas posteriores a la conquista.

Al respecto, Ángel María Garibay, uno de los más grandes estudiosos de la lengua y literatura náhuatl, afirmó: «Este relato fue redactado por personas que tenían buen conocimiento del estilo antiguo, que traían en sus manos los viejos modos de habla y de estilo; personas avezadas en esta manera de escritura».

Se atribuye esta obra a Antonio Valeriano, un noble y letrado mexica que nació un año antes o un año después de la caída de Tenochtitlan. Fue discípulo de fray Bernardino de Sahagún en el Colegio de Santa Cruz de Tlatelolco, del que llegaría a ser maestro y rector debido a su gran inteligencia. Sahagún mismo lo describió como «el principal y más sabio» de sus estudiantes. Podía hablar y escribir fluidamente en náhuatl, español y latín.

Según lo que aseguró el bachiller Luis Lasso de la Vega, los hechos descritos en el *Nican Mopohua* fueron escuchados por Antonio Valeriano durante su niñez, de la propia boca del vidente Juan Diego Cuauhtlatoatzin, que significa «el que habla como águila», «el que venerablemente habla como águila», o simplemente «águila que habla», que tal era el nombre de Juan Diego antes de ser bautizado, según información del historiador y literato novohispano Carlos de Sigüenza y Góngora, quien vivió entre 1645 y 1700.

Un dato resulta singular: durante la peregrinación que realizó esta tribu nahua, desde Aztlán hasta su asentamiento y posterior fundación de Tenochtitlan, los dirigentes o caudillos fueron llamados *cuauhtlahto*, en efecto, «el que habla como águila». El águila, recordemos, era símbolo del sol, y al *huey tlatoani* se le relacionaba directamente con el astro, es decir, con la divinidad.

Curiosamente, Juan Diego no era mexica. Según los investigadores, nació en Cuautitlán, en el barrio de Tlayácac, que por entonces pertenecía a Texcoco. No era mexica, pero estaba —como gran parte de Mesoamérica— bajo la influencia mexica en el sentido cultural y religioso. Su pueblo, además, formaba parte de la Triple Alianza. Precisamente por su pertenencia a Texcoco, podemos dar por sentado que tenía la noción de un Dios único, como el que Nezahualcóyotl, *tlatoani* de este señorío, exaltó en su poesía. Texcoco, después de todo, era el principal centro cultural de toda la región. La Atenas del Nuevo Mundo, como lo llamarían algunos franciscanos, gracias al impulso que solían recibir los filósofos, poetas, cantores, constructores, artesanos, *tlacuilos* e historiadores. Un punto extra: la poesía de Nezahualcóyotl solía ser recitada no sólo en voz alta, sino también en público, durante las festividades, y en las reuniones de poetas y nobles, por lo que era conocida por el pueblo en general. Se sabe con absoluta certeza que la noción de un Dios único era totalmente familiar para las élites sacerdotales.

Bien. La primera de las apariciones sucedió el sábado 9 de diciembre de 1531, aunque es importante recalcar que en el *Nican Mopohua* no se especifica el día. Asienta solamente «El año 1531, a los pocos días del mes de diciembre».

Sin embargo, sí lo detalló el soldado y cronista Andrés de Tapia, quien acompañó a Hernán Cortés en las campañas de Tenochtitlan y California, y plasmó sus vivencias y observaciones en su *Relación de algunas cosas de las que acaecieron al muy ilustre señor Don Hernando Cortés, Marqués del Valle, desde que se determinó a ir a descubrir tierra en la tierra firme del mar océano*. Dice Andrés de Tapia: «[Al] obispo de Tenochtitlan al ilustrísimo señor don fray Juan de Zumárraga, a quien se le apareció la Santísima Virgen de Guadalupe estampándose en el ayate de Juan Diego, indio del pueblo de San Juanico, sujeto a Tlatelolco, el día doce de diciembre».

Esto demuestra, además, que sí existen registros históricos contemporáneos al hecho guadalupano.

A propósito de testimonios contemporáneos, viene muy al caso lo expresado por Bernal Díaz del Castillo en la última parte de su *Historia verdadera de la conquista de la Nueva España*, finalizada en 1568. Dice: «Y miren las santas iglesias catedrales y los monasterios donde están dominicos, como franciscanos y mercedarios y agustinos; y miren qué hay de hospitales, y los grandes perdones que tienen, y la santa casa de Nuestra Señora de Guadalupe, que está en lo de Tepeaquilla, donde solía estar asentado el Real de Gonzalo de Sandoval cuando ganamos a México: y miren los santos milagros que ha hecho y hace de cada día, y démosle muchas gracias a Dios y a su bendita madre nuestra señora por ello, que nos dio gracia y ayuda que ganásemos estas tierras, donde hay tanta cristiandad».

Tepeaquilla era la forma en que los primeros españoles nombraban al Tepeyac, pues no podían pronunciar su forma original en lengua náhuatl: *Tepeyácac*.

La primera aparición sucedió, pues, el 9 de diciembre de 1531, que corresponde al día 10 Águila (10 *Cuauhtli*) del calendario mexica. Nuevamente, un águila aparece como señal, al inicio de un ciclo.

LA PRIMERA APARICIÓN.[28]

Aunque se ignora el paradero del original del *Nican Mopohua,* conocemos su versión textual gracias a que el propio Luis Lasso de la Vega, entonces vicario de la capilla del Tepeyac, la publicó en 1649 como parte de una obra llamada *Huey Tlamahuizoltica* (*El gran suceso*), que incluye además el *Nican Motecpana* (*Aquí se ordena*); una lista de milagros que giran en torno a la imagen y a la devoción guadalupana, y que fue recopilada por el historiador Fernando de Alva Ixtlilxóchitl.

Las aportaciones de Alva Ixtlilxóchitl (cara de flor) resultan relevantes, pues se trató de un importante historiador mestizo que recibió su educación en el Colegio de la Santa Cruz de Tlatelolco. Su bisabuelo fue Hernando Ixtlilxóchitl, último tlatoani de Texcoco.

Por orden directa del virrey, se dio a la tarea de escribir la historia antigua de México. Aunque no es su obra principal, el *Nican Motecpana* enriquece lo descrito en el *Nican Mopohua*, pues aporta información valiosa sobre Juan Diego y su tío Juan Bernardino, además de que añade otro nombre a la historia: María Lucía, esposa de Juan Diego. De hecho, afirma que, al momento de la aparición, la mujer ya había muerto. Finalmente, establece el deceso de Juan Diego en el mismo año en que aconteció el del obispo Zumárraga: 1548.

El *Nican Motecpana* es un documento escrito en náhuatl aproximadamente en 1590. Es importante decir que Alva Ixtlilxóchitl nació veinte años después de la muerte de Juan Diego, por lo que su obra se basa no en el testimonio directo del vidente, sino en investigaciones y en la historia que corría de boca en boca.

En cuanto al texto original del *Nican Mopohua*, se cree que se encuentra en la famosa Biblioteca Públi-

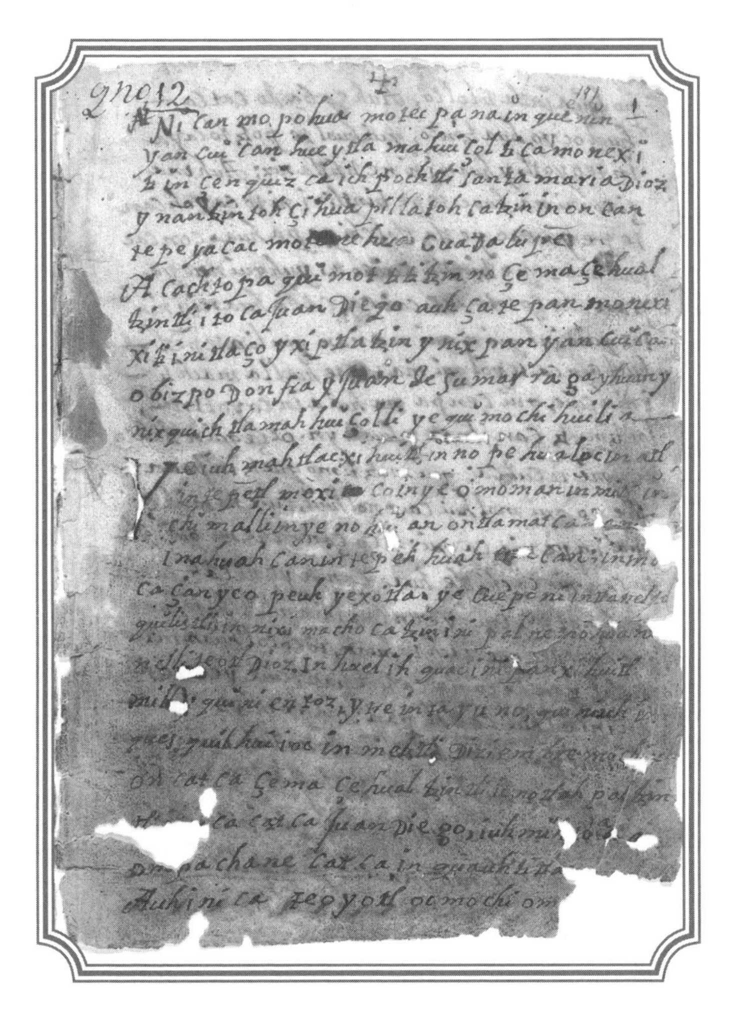

PRIMERA PÁGINA DEL *NICAN MOPONHUA*.[29]

ca de Nueva York o en el Departamento de Estado de Washington. Según algunos historiadores, tras la muerte de Antonio Valeriano, el documento quedó en manos de Fernando de Alva Ixtlilxóchitl y después en las de su hijo, Juan de Alva, quien estipuló en su testamento que debería entregarse al historiador jesuita Carlos de Sigüenza y Góngora. Tras la muerte de don Carlos, sus posesiones fueron resguardadas en el Colegio de San Pedro y San Pablo. Sus documentos se trasladaron a la Biblioteca de la Real Universidad de México, de donde se cree que fue robado —junto con gran parte del acervo de la biblioteca— por los estadounidenses durante la invasión de 1847. Otra versión asegura que la Biblioteca de Nueva York no resguarda el texto original, sino la copia más antigua que se conoce.

Algo más antes de entrar de lleno al relato: el autor recurre al lenguaje de las flores al comenzar la narración. Dice: «Diez años después de conquistada la ciudad de México, cuando ya estaban depuestas las flechas, los escudos (*in mitl in chimalli*, el difrasismo que significa guerra y que aparece también en el Códice Mendocino), cuando por todas partes había paz en los pueblos, así como brotó, ya reverdece, ya abre su corola la fe, el conocimiento de Aquel por quien se vive, el verdadero Dios…».

«Así como brotó, ya reverdece, ya abre su corola», dice el autor. Con esto hace referencia a esas flores que comienzan a surgir. Las flores que significan la verdad, el acercamiento, el camino, el empezar a conocer a *Ipalnemohuani*: el que viviendo crea la vida.

Después de diez años de muerte y de tristezas, el pueblo mexica estaba finalmente preparado —como el colibrí, como Huitzilopochtli— para renacer. Para dejar de hibernar. Para volver a la vida gracias a la multiplicación de aquellas flores que muy pronto habrían de recibir.

Un último punto: aunque resultará evidente, es preciso aclarar que todas las citas textuales que en este capítulo narran el hecho mariano, han sido extraídas del *Nican Mopohua.*

***

Pues bien, la madrugada del 9 de diciembre de 1531, un hombre, un nativo de estas tierras que se dirigía a Tlatelolco a escuchar misa y asistir al catecismo, escuchó cantos maravillosos en la cima de un cerro llamado Tepeyácac, que se traduce como «en la nariz», «en la punta del cerro» o «punta de cerros», porque en él remata la Sierra de Guadalupe.

El hombre se quedó sorprendido. Aquel canto era aún más bello que el de muchos pájaros finos juntos y por eso entendió que un hecho divino estaba sucediendo, pues los cantos —esa armonía, esa poesía hecha música— era la manera como Ometéotl se hacía presente en este mundo, se acercaba, se manifestaba a los humanos. El que Juan Diego haya escuchado cantos significa algo por demás notable: Dios se acercó a él, Dios lo llamó, Dios se manifestó. Ometéotl se hacía presente justo en ese momento. Sí, se trata de una auténtica revelación.

Es necesario recordar uno de los poemas de Nezahualcóyotl, en el cual condensó con extrema belleza esta enorme verdad teológica: *xochitica tontlatacuiloa in Ipalnemoani, cuicatica tocantlapalaqui in nenemiz tlalticpac*, lo cual se traduce como «con flores escribes, Dador de la vida, con cantos das color a los que han de vivir en la tierra».

El nombre *Juan Diego*, por cierto, posee características curiosas: *Juan* es el evangelista al que se asocia con la figura del águila, y el nombre en hebrero significa «Dios se ha apiadado». En cuanto a Diego, de origen griego, es una derivación de Santiago, y se traduce como «instruido».

Regresando al tema, debemos recordar que el cerro del Tepeyac se encontraba unido a la ciudad de México-Tenochtitlan por la calzada norte, que cruzaba el gran lago. El trazo de la calzada era aproximadamente el que hoy presenta la Calzada de los Misterios. La entrada a la gran urbe se realizaba por la zona de Tlatelolco.

Antes de que los conquistadores lo derribaran, en aquel cerro se encontraba un pequeño adoratorio a Tonantzin, Nuestra Venerable Madre. Era un lugar de peregrinaje, a donde los mexicas acudían a ser escuchados.

Sahagún lo describe así: «Venían de muy lejanas tierras, de más de veinte leguas, de todas estas comarcas de México, y traían muchas ofrendas; venían hombres y mujeres, y mozos y mozas a estas fiestas: era grande el concurso de gente en estos días, y todos decían vamos a la fiesta de Tonantzin, y ahora que se encuentra allí edificada la iglesia de Nuestra Señora de Guadalupe, también la llaman Tonantzin».

El franciscano Antonio de Ciudad Real (1551-1617) dejó asentado en su libro *Tratado curioso y docto de las grandezas de la Nueva España* que en el Tepeyac se adoraba a Tonantzin, «La Madre de los dioses o Nuestra Madre». Lo mismo consignó el también franciscano Juan de Torquemada en su *Monarquía indiana*, publicada en 1615. Sin embargo, fue el criollo Jacinto de la Serna, colegial del Colegio Mayor de Santa María de Todos Santos, doctor en teología y rector de la Universidad de México, quien abundó un poco más al respecto.

En su *Manual de ministros de indios para el conocimiento de sus idolatrías y extirpación de ellas*, dice que «En el cerro de Guadalupe, donde hoy es célebre el santuario de la Virgen Santísima de Guadalupe, tenían un ídolo de una diosa llamada Ilamatecuhtli (La jefa anciana) o Cuzcamiauh (Espiga de maíz o Maíz en flor-collar), o por otro nombre, y el más ordinario, Tonan». Continúa: «Cuando van a la fiesta de la Virgen Santísima, dicen que van a la fiesta de Totlazonantzin y la intención es dirigida, por los maliciosos, a su diosa y no a la Virgen Santísima, o a ambas, pensando que a una y otra se puede hacer por igual».

Es pertinente recordar que, para un número considerable de culturas, los montes y los cerros han representado un vínculo directo con la divinidad. Para los griegos, Zeus habitaba en el Olimpo; para los judíos, Yahvé se reveló en el Sinaí; para los indios, Shiva, el dios de la destrucción, residía en la cumbre del Kailash. Por su parte, los mexicas creían que fue Coatepec el sitio donde Huitzilopochtli venció a sus hermanastros y salvó de morir a su madre, Coatlicue. De hecho, en ciertos cerros que rodeaban el gran lago, los mexicas construyeron santuarios, colocaron estatuas, tallaron la roca, como una forma de establecer vínculos con algunos de sus dioses.

No fue casualidad, entonces, que esos cantos —así de bellos, así de armoniosos— provinieran de la cima de un cerro. Juan Diego, de hecho, creyó que acababa de morir. Se preguntó si era digno de escuchar lo que escuchaba; aquellos cantos por medio de los cuales se accede a Dios. Tal vez —se dijo— estaba dormido, tal vez estaba imaginando. «¿Dónde estoy? ¿Dónde me veo? ¿Acaso ya en el sitio del que siempre nos hablaron los ancianos, nuestros antepasados, todos nuestros abuelos: ya allá lejos, en su tierra florida, en su tierra de nuestro sustento?».

Aquel hombre, lejos de recordar la doctrina española, recordó las enseñanzas de sus antepasados; sus verdaderas y únicas *raíces*. No creyó que se encontraba en el Paraíso cristiano, sino en el cielo mexica, en la Tierra de flores, *xochitlalpan*. Éste también era el modo como se refirieron a su tierra prometida durante los ciento cincuenta años que duró su peregrinación entre Aztlán y Tenochtitlan: *xochitlalpan*. Ante estos prodigios, se preguntó entonces, a la manera mexica, si era merecedor de estar allí, y para eso utilizó la palabra *macehual* «merecido por la penitencia»: *¿Cuix molhuil nomacehual?* «¿Acaso es mi-mérito, mi-merecimiento?».

La segunda aparición.[30]

«¿Por ventura soy digno, soy merecedor de lo que oigo? ¿Quizá nomás lo estoy soñando? ¿Quizá solamente lo veo como entre sueños?», se pregunta. Esta interrogante: ¿Acaso estoy soñando?, encierra una referencia mucho mayor.

Durante la peregrinación mexica desde Chicomóztoc o Aztlán hasta el lago de Texcoco, los diversos grupos errantes eran guiados por su dios tutelar, quien les hablaba en sueños para darles indicaciones. Tezozómoc lo plasmó en una de sus crónicas: «Huitzilopochtli les hablaba y ellos respondían, y luego a su mandado les decía: "adelante mexicanos, que ya vamos llegando al lugar"». Y más adelante detalla que «los [dioses] que más hablaban con los indios eran Huitzilopochtli, Tlacolteutli y Mictlantecutli».

Fray Diego Durán apoyará este punto al relatar que una de las tribus que salieron de Chicomóztoc, bajo el mando de Huitzilopochtli, al llegar al lago de Pátzcuaro y admirar su gran belleza y su exquisita abundancia, quiso asentarse allí. Entonces, consultaron a su dios. «El dios Huitzilopochtli —escribe Durán— respondió a sus sacerdotes en sueños» y otorgó su permiso. Esta tribu habría de convertirse en los actuales tarascos.

Por ello, cuando Juan Diego se pregunta: «¿Quizá nomás lo estoy soñando? ¿Quizá solamente lo veo como entre sueños?», en realidad está expresando algo más grande: sabe con absoluta certeza que está recibiendo un mensaje divino. No sólo eso, sino que es consciente de que está ante una revelación, pues los dioses —durante la peregrinación— les hablaban, se mostraban, les indicaban el lugar donde deseaban que se asentaran y, por ende, el sitio donde debían construir el templo.

En este momento, el texto realiza una descripción que parece circunstancial, pero que no lo es. Dice: «Estaba viendo hacia el oriente, arriba del cerrillo de donde provenía el precioso canto celestial».

Estaba mirando hacia el oriente, es decir, hacia el punto cardinal donde todos los días sale el sol. El sol y todos sus significados: Dios, una nueva era, el amanecer, la lucha contra la oscuridad. Al encontrarse a una Señora precisamente «parada frente al sol» (según la imagen que conocemos), su impacto debió ser asombroso. El sol estaba detrás de Ella; Ella estaba enfrente. Por consiguiente, Ella era la intermediaria, la embajadora. Pero no se trataba del «sol» conocido, del que sale cada día, sino de *otro*, de uno nuevo. De un nuevo comienzo, según la leyenda del Quinto Sol. Bajo los esquemas mexicas —y Juan Diego sin duda lo entendió así— estaba en presencia de un acto divino que anunciaba el nacimiento de *algo*.

Cuando los cantos cesaron, escuchó una voz igualmente dulce que lo llamaba: «Juantzin, Juan Diegotzin». Todas las traducciones afirman que la Virgen se dirigió a él como «Juanito, Juan Dieguito».

La terminación *tzin* es —como se explicó— una forma de cortesía, una reverencia, o bien, según el contexto, una manera de expresar afecto. Incluso ambas cosas a la vez. Si la traducción en Malintzin,

Nanahuatzin o Motecuhzomatzin es siempre en el sentido reverencial, no hay motivo para que en el *Nican Mopohua* no lo sea. El que la Señora del Tepeyac le haya hablado con cariño a Juan Diego no excluye de ninguna manera el reconocimiento implícito que le concedió; ese respeto y esa reverencia por ser un *macehual*: salvado por el sacrificio de un dios, merecido por la penitencia. En realidad, la Virgen le habló con cariño sí, pero también con enaltecimiento, reconociéndole esa dignidad que los españoles les habían pisoteado. En efecto, el mensaje guadalupano es también un mensaje de dignidad.

Al respecto, la traducción del padre José Luis Guerrero me parece mucho mejor: «sucedió que había un caballero indio, pobre pero digno». *Oncatca ce macehualtzintli* (había un hombre-venerable). La palabra *macehual* siempre es utilizada en su sentido amplio, rico, metafórico.

El caso es que, al llegar a la cumbre, encontró «una doncella que allí estaba de pie». Éste fue un hecho inusitado: la nobleza no recibía a nadie de pie; el *huey tlatoani* jamás recibía a nadie. Pero Ella no sólo lo hizo, sino que lo animó a que se acercara.

El texto menciona una palabra clave: *cihuapilli*, que normalmente se traduce simplemente como «doncella». Pero la traducción no le hace justicia al significado etimológico. *Cihuatl* designa a la mujer en términos genéricos, y *cihuapilli*, a la mujer joven, incluso a las niñas. De hecho, el texto hace constante hincapié en la edad de la Virgen en diversas partes. Sin embargo, *pilli* es también un vocablo referente a la realeza. Más adelante, Juan Diego la llamará *Cihuapillé* y la traducción más conocida consignará la palabra «reina», pero en todo caso debería ser «joven reina» o «princesa».

Continúa la narración: su vestido resplandecía como el sol (igual que Tonatiuh). «La piedra (*tetl*, el corazón o fundamento de la Tierra), el risco en el que estaba de pie, como que lanzaba rayos. El resplandor de Ella como preciosas piedras (*tlazochalchihuitl*, jade precioso), la tierra relumbraba con los resplandores del arco iris. Los mezquites y nopales y las demás hierbecillas que allí se suelen dar, parecían como esmeraldas, como turquesa parecía su follaje. Y su tronco, sus espinas, sus aguates, relucían como el oro». La descripción se empeña en dejar muy en claro el mensaje central: está ocurriendo un hecho sobrenatural.

Además, algo notable. Dice la narración: «La piedra, el risco en el que ella estaba de pie». Estas palabras recuerdan las de Huitzilopochtli, cuando asegura que el corazón de su sobrino Cópil ha sido arrancado y, luego de ser arrojado, ha caído en una peña en donde ha crecido un tunal. En ese tunal se levanta el águila. La piedra vuelve a ser un elemento clave. Es el cimiento, la base, el corazón de la Tierra. Encima de ella se encuentra la señal.

Al postrarse frente a Ella, escuchó que le dijo: «Juanito (Juantzin), el más pequeño de mis hijos (*noxocoyouh*),

¿a dónde te diriges?». La Virgen usó la palabra compuesta *no-xocoyouh* (mi-hijo menor), con la que los mexicas designaban al integrante más joven de la familia, al más querido y, como sigue sucediendo en casi todas las familias, el más protegido, el consentido. Precisamente de *xocoyotl*, proviene la costumbre mexicana, hoy en desuso, de llamar «coyotito» al menor de los hijos.

Él respondió: «Señora y Niña Mía, tengo que llegar a tu casa de México Tlatilolco». Estas palabras despejan toda duda: Juan Diego tiene certeza plena de la identidad de la mujer con la que está hablando. Sabe que está ante un hecho de carácter divino. Lo *sabe* porque lo interpreta gracias a todos los signos que ha visto y escuchado, además de que conoce los fundamentos de la *nueva* religión: «Tengo que llegar a *tu* casa», le asegura.

Sin embargo, en ese momento Ella decide presentarse, revelarse plenamente, y lo hace no al modo español, jamás al modo conquistador, sino recurriendo a la teología mexica: «Sabe y ten entendido, tú, el más pequeño de mis hijos, que yo soy la Perfecta Siempre Virgen María, Madre del Verdaderísimo Dios, del Viviente que crea la vida, del Creador de las personas, de El que está rodeado del cerca y del junto, de El Dueño del Cielo y lo que está sobre la Tierra».

Al presentarse de esta manera, se identificó como la Madre de Ometéotl, del único Dios en el que efectivamente creían los mexicas, y para ello utilizó algunos de sus nombres más bellos y poéticos, mismos que ya hemos explicado. Veamos las palabras originales en náhuatl: «*ca nehuatl in nicenquizca cemicac Ichpochtli Sancta María, in Inantzin in huel nelli Teotl Dios in* Ipalnemohuani, *in* Teyocoyani, *in* Tloque Nahuaque, *in* Ilhuicahua *in* Tlalticpaque».

Ahora la traducción palabra por palabra: «*ca* (que) *nehuatl* (yo) *in* (la) *nicenquizca* (yo-perfecta) *cemicac* (por siempre) *Ichpochtli* (Doncella) *Sancta María, in* (la) *Inantzin* (su-Venerable-Madre) *in* (el) *huel* (muy) *nelli* (verdadero) *Teotl* (Dios) *Dios in* Ipalnemohuani (El que viviendo crea la vida), *in* Teyocoyani (El creador de las personas), *in* Tloque Nahuaque (El que está rodeado del cerca y del junto), *in* Ilhuicahua in Tlalticpaque (El dueño del Cielo y de lo que está sobre la Tierra)».

Según el estudioso Miguel de León-Portilla, la traducción correcta de *ichpochtli* no es virgen, sino doncella. La razón es que en náhuatl no existe el concepto «virgen».

Es necesario subrayar que la Señora no se presentó como la Madre de Jesucristo, sino como la progenitora del *nelli Teotl Dios*: del Verdadero Dios; del arraigado, del que tenía raíces y fundamento, del Dios de sus antepasados: de Ometéotl.

Enseguida le hizo un encargo absolutamente mexica: «Deseo vivamente que se me erija aquí un templo».

Un templo: el principio de todo, el eje del universo, el lugar desde el cual partían los cuatro puntos cardinales, el perfecto sitio de equilibrio —como el Templo Mayor— donde todo comenzaba y donde todo terminaba. Principio y fin al mismo tiempo.

Aquella petición, para la mente de Juan Diego, debió ser una oleada de esperanza y alegría. Verdaderamente la hibernación había terminado. Era tiempo de volver a la vida, de comenzar algo, otra cosa, algo diferente, de echar raíces con la seguridad de verlas florecer. ¿Estaba acaso ante el nacimiento del Sexto Sol?

La Virgen, al hacerle este singular pedido, utiliza la palabra *Noteocaltzin*, que es un término compuesto que deriva de *No* (mío), *teotl* (dios), *calli* (casa), *tzin* (terminación reverencial o cariñosa) y que significa «mi honorable casa sagrada» o bien, «mi casita sagrada». Las traducciones más populares utilizan la segunda. El diminutivo como una esperanza de causar simpatía, de mover sentimientos.

Al igual que en el caso de Juantzin, Juan Diegotzin, no hay mayores razones para no pensar que la Señora habla con cariño, sí, pero al mismo tiempo con respeto, con enaltecimiento, pues aprovecha la riqueza de la lengua para expresar un universo de significados en una sola palabra. Porque si Tonantzin se traduce como «nuestra venerable madre», ¿por qué *Noteocaltzin* debe ser forzosamente «mi casita sagrada» y no «mi muy digna casa» o «mi venerable templo»? Después de todo, lo que está pidiendo es una casa digna para quienes son dignos: los *macehuales*. Y aún más: una casa suficientemente digna —como lo fue el Templo Mayor— donde pueda *mostrarlo*.

Me parece que, en pos de una devoción sentimentalista que utiliza los diminutivos (indito, casita) para provocar empatía, se corre el riesgo de perder una parte fundamental del mensaje: la Virgen le devuelve a los mexicas, a los derrotados, la dignidad que les fue arrebatada.

Existe, en cambio, una diferencia entre los dos templos que se construyen gracias a una señal: el Templo Mayor de los mexicas se llamaba *huey teocalli* (gran casa de Dios), expresamente engrandecido, sin falsas modestias. El que la Señora solicita, por su parte, es el *Noteocaltzin*, digno, desde luego, pero con ese «tzin» que cada quien, según su propio contexto, puede interpretar.

Igualmente relevante resulta la razón de su petición, el *porqué*. No es para su propia gloria, sino para la exaltación de alguien más. Ella dice: «Deseo vivamente que se me erija aquí un templo en donde *lo mostraré*, *lo ensalzaré* al *ponerlo* de manifiesto. Lo daré a las gentes en todo mi amor, en mi mirada de compasión, de auxilio y defensa».

Bajo una interpretación más literal, estas palabras adquieren más ternura: «Allí *lo mostraré*, *lo engrandeceré*, *lo entregaré* a Él, a quien es todo mi amor, mi mirada compasiva, mi auxilio, mi salvación. Porque en verdad yo me honro en ser vuestra madre compasiva».

Las palabras en náhuatl que utiliza en este momento incluyen la sílaba *te*, que significa «persona».

Notetlazotlaliz, *noteicnoittaliz*, *notemanahuiiz*, entre otras, cuyas traducciones literales son «mi-amor-persona, mi-mirada-compasiva-persona, mi-auxilio-persona».

Al interpretarlo, sabemos que la Virgen no está hablando de Ella como tal, sino de *alguien* más. Alguien a quien mostrará, ensalzará y pondrá de manifiesto. En efecto, se está refiriendo a su Hijo, a Ometéotl. Por tanto, el templo que pide no es para mostrarse Ella, sino para mostrarlo a Él. Ella queda y se coloca en medio, en su carácter de intercesora.

Esta idea es reforzada con sus siguientes palabras: «Yo soy vuestra piadosa Madre (la madre, en las tradiciones clásicas, no es quien posee el poder, sino la que está al lado de quien lo ejerce. Es quien intercede por los hijos). Tuya y de todos vosotros juntos, los moradores de esta tierra, y de los que me amen, los que me invoquen y en mí confíen». Con esto queda claro otro concepto: el mensaje es para los mexicas, pero no es exclusivamente para ellos. Incluye a todo aquel que desee acercarse, incluso a los españoles.

Agrega: «Porque allí estaré siempre dispuesta a escuchar su llanto, su tristeza, para purificar, para curar todas sus diferentes miserias, sus penas, sus dolores». Con estas palabras asume plenamente su papel consolador, su maternidad amorosa, el ser y gozar con ser Tonantzin, «nuestra venerable madre».

A pesar de que la Virgen acepta su elevada dignidad, no impone su voluntad. Si es la madre del *huey tlatoani*, la Madre de Dios, ¿a quién debería pedirle permiso para realizar lo que desea? Sin embargo, lo hace, y en este acto reconoce la investidura tanto del obispo Zumárraga como de la Iglesia en general: le pide a Juan Diego que acuda al palacio del obispo «y le dirás cómo yo te envío a manifestarle lo que mucho deseo, que aquí en el llano me edifique un templo».

Esta necesidad de pedir permiso para construir el templo se conecta con la historia antigua. Explica fray Diego Durán que cuando los mexicas se asentaron en el islote y comenzaron a edificar el templo, «hicieron un asiento cuadrado, el cual había de servir de cimiento o asiento de la ermita para el descanso de su dios; y así hicieron encima de él una pobre y chica casa, a manera de humilladero».

«Una pobre y chica casa, a manera de humilladero». Es imposible no relacionarlo con la *noteocaltzin*, «mi casita sagrada» que la Señora pide.

Continúa Durán: era pequeña y pobre «porque de presente no podían más; pues estaban y edificaban en sitio ajeno, [ya] que aún el suelo no era suyo, pues era sitio y término de los de Azcapotzalco y de los de Texcoco».

Al igual que los mexicas tuvieron que pedir permiso a los dueños de la región para asentarse en el islote y comenzar a cimentar su ciudad, su templo, así la Señora manda pedir permiso a los nuevos dueños —los españoles— para construir este templo.

«Aún el suelo no era suyo», dice la crónica. Así es, aún el suelo no era suyo… pero lo será, como en el caso mexica. Se entiende entonces que, al igual que el Templo Mayor, que comenzó siendo una ermita pequeña hecha de carrizo y tule, y que terminó como un edificio portentoso de ochenta y dos metros por lado y cuarenta y cinco metros de altura, esta «casita sagrada» se irá ampliando poco a poco en señal de grandeza cuando los terrenos «sean suyos».

Lo que la Señora le pide a Juan Diego es una tarea prácticamente imposible. Ser recibido por el obispo, hacerse escuchar, transmitir una historia increíble y lograr que Zumárraga acepte construir un templo donde antes existía un adoratorio a Tonantzin. A pesar de la complicada naturaleza de la misión, Juan Diego se vio obligado a realizarla, o al menos intentar cumplirla. En el Códice Florentino se consignan algunos de los consejos bajo los cuales se educaban a los infantes mexicas, los cuales se volvían regla con el paso de los años: «El niño de buen corazón es obediente, acatador, respetuoso, temeroso, humilde». Juan Diego no tenía otra opción más que obedecer, sobre todo si quien le estaba hablando era la madre de Dios mismo.

Además, su aliciente es infinito, pues lo que Ella le promete no es poca cosa: «Y queda seguro de que mucho te lo voy a agradecer y a pagártelo, pues te enriqueceré, te glorificaré».

Lo que la Señora le promete es algo magnífico; la mejor de las recompensas: la gloria, la permanencia, lo que es contrario a la muerte, al olvido. En los *Memoriales de Culhuacan* quedan asentadas las palabras con que se funda la gran ciudad: «En tanto que permanezca el mundo, no acabará la fama y la gloria de México-Tenochtitlan». Imposible no relacionar ambos pasajes.

Cuando una mujer moría al momento de dar a luz, la partera decía un pequeño discurso en el que se aseguraba que, gracias a sus méritos, esa mujer en particular sería recordada y glorificada: «¿Quién obtuvo lo que tú has merecido? Porque tú vivirás para siempre, serás dichosa al lado de las señoras nuestras, las *Cihuapipiltin*, las nobles mujeres, las mujeres divinas». Sin duda alguna, los mexicas tenían muy en claro el tamaño de la recompensa que se ganaba gracias a la obediencia o si los méritos eran suficientes para merecerla.

De vuelta al relato, contra todos los pronósticos, Juan Diego fue recibido y escuchado. Como una simple forma de cortesía, el obispo le pidió que volviera después, con más calma, para escucharlo con atención y pensar en su pedido. Otros documentos escritos años después, afirman que Zumárraga no le creyó desde un principio pues «los indios solían estar borrachos todo el tiempo». Y sí, lo hacían en efecto, como una forma de escapar de su miseria. A decir verdad, el alcoholismo comenzó a ser un problema general entre los indígenas hasta después de la conquista, pero no antes.

Al volver al Tepeyac, se encontró de nuevo a la Señora y le refirió, afligido, los detalles de su encuentro. «Comprendí perfectamente en la manera como me respondió que piensa que es quizá invención mía», le dice con pesar y lleno de vergüenza. Entonces le pide algo que para él es lo más prudente: «te ruego encarecidamente que a alguno de los principales, conocido, respetado y estimado le encargues que lleve tu mensaje para que le crean, porque yo soy un hombrecillo, soy un cordel, soy una escalerilla de tablas, soy cola, soy ala, soy gente menuda. Y tú, Niña mía, la más pequeña de mis hijas, Señora, me envías a un lugar donde no ando y donde no paro. Perdóname que te cause gran pesadumbre y caiga en tu enojo».

Estas palabras son profundamente mexicas. Según la cortesía de su cultura, al recibir un alto honor o una gran distinción, no se ensalzaban, sino que la aceptaban con humildad: «no soy digno». Se trataba de una etiqueta social que ha llegado a nuestros días y que se sigue utilizando en diversas situaciones. «Aquí tiene su pobre casa», «Mi casa, que es la suya», «Quedo como su seguro servidor», «Mande usted». Incluso el uso de diminutivos para evitar la presunción, tratar de ser agradable o mitigar lo que se considera puede molestar a los demás: «Me compré un cochecito», «Voy al bañito», «¿Tienes un cigarrito?». Otra de las formas de cortesía es el utilizar la palabra «No» antes de una oración. Por ejemplo, en un restaurante: «¿No me regala un cafecito?».

En el contexto de 1531, no se trataba de ningún complejo de inferioridad, sino de la cortesía básica dentro de la cultura mexica. Algo similar, con tono semejante, encontramos en las palabras que los sabios mexicas les dirigieron a los doce frailes franciscanos: «todos somos vuestros siervos», «nosotros, que somos bajos y de poco saber…». La cortesía hasta el extremo. Ante nuestros ojos, y tal vez ante los ojos de los españoles, significaba algo sencillo: la humillación tras la derrota. Sin embargo, no era así.

La Señora del Tepeyac le asegura que cuenta con muchos servidores y mensajeros, pero que es necesario que sea él mismo quien lleve su petición. Con estas palabras, lo enaltece, lo dignifica. De manera que le pide que regrese al día siguiente, vuelva a hablar con el obispo y le reitere que «yo en persona, la siempre Virgen Santa María, Madre de Dios, te envía».

La Virgen utiliza la palabra *Nïinantzin*, que significa «Yo su Venerable Madre». Esta palabra es prácticamente la misma que el nombre de la antigua diosa mexica, Tonantzin: Nuestra venerable madre (Tonantzin/*Nïinantzin*), sólo cambia el prefijo *Tō* (Nuestra) por el *Nï* (Yo).

Al día siguiente, domingo, Juan Diego regresó a Tlatelolco y, luego de asistir a misa, logró ver a Zumárraga nuevamente. «Se arrodilló a sus pies; se entristeció y lloró (otra vez las formas de cortesía mexica) al exponerle el mandato de la Señora del Cielo».

Se trata de formas de cortesía profundamente mexicanas. De una rigurosa etiqueta ya en desuso, pero que solía ser la norma todavía a mediados del siglo pasado.

Para el mundo nahua, las lágrimas tenían diversos significados, según el contexto en que fueran derramadas. Generalmente denotaban humildad o arrepentimiento, pero también se usaban durante las visiones o trances religiosos, ante una profecía, una crisis política o incluso para conmover o disuadir a los dioses.

Volvamos a la historia. Juan Diego de muchos modos fue interrogado sobre los detalles de la aparición y los rasgos físicos de la persona que lo enviaba. El obispo no tenía razones de peso para dudar, pero tampoco las tenía para creer, mucho menos para conceder aquel deseo que, en boca de un «indio recién converso», sonaba altamente sospechoso. El obispo, después de todo, era inquisidor.

Para salir de dudas, Zumárraga pidió una señal, una prueba. Además, cuando Juan Diego se marchó de su palacio, envió a unos criados de confianza a que lo siguieran.

Los sirvientes lo perdieron de vista en algún punto de la larga calzada que conducía al Tepeyac. Para ocultar su falla, aconsejaron al obispo que no le creyera; le aseguraron que todo lo que le había contado no era más que un invento de su parte, y le sugirieron que si volvía una vez más, lo castigara.

Mientras tanto, Juan Diego encontró a la Señora por tercera vez, quien le solicitó que regresara al día siguiente por la mañana para recibir «la señal que te ha pedido; con eso te creerá», le aseguró.

Al llegar a su casa, sin embargo, se encontró con que a uno de sus tíos, de nombre Juan Bernardino, «le había caído la enfermedad» y estaba agonizando. Es posible que se haya tratado de la epidemia de sarampión de 1531, que se expandió hasta el Perú. Este mal, como la viruela, era desconocido en el continente, por lo que la mortandad entre los indios era muy elevada, pues sus sistemas inmunológicos no estaban preparados para combatirlo.

Los altos índices de defunciones entre los naturales eran un tema que preocupaba a los españoles por muchas razones, sobre todo porque, sin suficientes indios sanos y vivos, la mano de obra escasearía. Por tal motivo, Cortés ordenó que se construyera un lugar especial para que los nativos fueran atendidos y curados. Con el tiempo, y por intercesión directa de Vasco de Quiroga y Pedro de Gante, se consiguió un terreno a espaldas del Convento de San Francisco, junto al Real Colegio de Estudiantes de San Juan de Letrán. De este modo, en 1531 comenzó la construcción definitiva del Hospital Real de Naturales.

Por cierto que la Corona Española se mostró sumamente interesada en este proyecto y lo apoyó de manera decisiva. El motivo fue que allí se podrían realizar investigaciones que en Europa estaban prohibidas, como las autopsias. No fue casualidad, entonces, que dos siglos más tarde, este hospital se convirtiera en la Real Escuela de Cirugía de México.

Pues bien, Juan Diego le llevó un médico a su tío, «pero ya no era tiempo», así que «por la noche, le rogó su tío que de madrugada saliera y viniera a Tlatilolco a llamar a un sacerdote que fuera a confesarle».

Esta petición es reveladora. Si bien las primeras conversiones fueron todo menos amorosas, a diez años de distancia, los frailes habían logrado un auténtico milagro: infundirles a aquellos hombres la noción de salvación que establece la Iglesia. De otro modo, Juan Bernardino se habría acogido a sus antiguas creencias y no a la «palabra nueva» que predicaban los misioneros. Podemos conectar este episodio con la introducción del *Nican Mopohua*, cuando dice: «así como brotó, ya reverdece, ya abre su corola la fe». Estas palabras resultan ciertas. La corola de la fe estaba abriendo de verdad.

Para afirmar lo anterior podemos apoyarnos en las palabras de Motolinía, cuando detalla la manera como los indígenas solicitaban fervorosamente el bautismo. Cuando un fraile pasaba por una población, dice, «le salen los indios al camino con los niños en brazos, y con los dolientes a cuestas, y hasta los viejos decrépitos sacan para que los bauticen».

Asegura, incluso, que al inicio de la evangelización «eran tantos los que se venían a bautizar que los sacerdotes muchas veces les acontecía no poder levantar el jarro con que bautizaban por tener el brazo cansado [...]. En aquel tiempo acontecía a un solo sacerdote bautizar en un día cuatro y cinco y seis mil» personas.

Más allá de las exageraciones propias de estas crónicas, es claro que en cierto momento los nativos comenzaron a recibir el bautismo con agrado y de buena gana, y no sólo el bautismo, también otros sacramentos.

Juan Bernardino pide un sacerdote para que lo confiese. ¿Hasta qué punto un indígena que no tenía más de diez años de bautizado podía experimentar verdadera urgencia por recibir el perdón de sus pecados por parte de un sacerdote cristiano?

La confesión, con su respectiva penitencia y perdón de las faltas, se estableció en Texcoco en 1526. Si bien en un principio fue complicado explicarle a los nativos el sentido cristiano de este sacramento, después sucedió algo curioso: acudieron en masa a recibirlo. Así lo narra el mismo Motolinía: «el continuo y mayor trabajo que con estos indios se pasó fue en las confesiones, porque son tan continuas que todo el año es una Cuaresma, a cualquier hora del día y en cualquier lugar, así con las iglesias como en los caminos».

Otro detalle que resulta peculiar: las confesiones a veces se realizaban «por escrito»; los indígenas dibujaban el pecado por el cual se estaban arrepintiendo, o bien, señalaban la falta que habían cometido en una manta que los frailes habían dibujado con ese fin. De forma similar, los religiosos crearon el catecismo en imágenes, con el que enseñaban a los nativos los conocimientos básicos que debían aprender. Algo semejante sucedía con las cruces atriales, cuya ubicación (a la mitad del atrio) y grabados (elementos relacionados con la pasión de Cristo, como un gallo, una escalera, unos dados y un martillo) se utilizaban con fines catequéticos. Para los indígenas, este método no era novedoso, aunque sí sumamente efectivo, pues una parte de la educación que se impartía en el calmécac era precisamente a base de dibujos.

Lo cierto es que los mexicas estaban acostumbrados a realizar penitencias y ayunos, y solían acudir a peregrinaciones en donde «se confesaban» con alguno de sus dioses. Es decir, acudían a ciertos santuarios —como el que se encontraba en el Tepeyac— para ser escuchados. En específico se confesaban con Tlazoltéotl, «diosa de la basura», diosa también de la sexualidad, de los amores ilícitos, protectora de las recién paridas y de los recién nacidos; patrona de las parteras e inventora del temazcal. Por último, responsable de los temblores de tierra.

Al respecto del avance de la confesión, volvamos a la crónica de Motolinía: «cumplen muy bien lo que les es mandado en penitencia, por grave cosa que sea, y muchos de ellos hay que si cuando se confiesan no les mandan que se azoten, les pesa, y ellos mismos dicen al confesor "¿por qué no me mandas disciplinar?"; porque lo tienen por gran mérito». Los mexicas, después de todo, estaban acostumbrados a los castigos físicos. Cuando una mujer joven, por ejemplo, hacía algo indebido, el escarmiento consistía en cortarle el cabello, pero si la falta era grande y lo ameritaba, le enterraban espinas de maguey. Con esta misma clase de espinas, la población en general solía sangrarse a modo de penitencia.

Algo más puntualiza Motolinía que resulta sumamente revelador. Asegura que no tenían inconveniente alguno en «irse a confesar a quince y veinte leguas. Y si en alguna parte hallan confesores, luego hacen senda como hormigas». Por último, se empeña en recalcar que los indios bautizados «son cristianos de veras y no de burla, como algunos piensan».

Gracias al escenario que nos dibuja Motolinía, sabemos que tanto la petición de Juan Bernardino como la entera disposición por parte de Juan Diego resultan lógicas y factibles. El primero pide un sacerdote; el segundo, sale de madrugada para buscarlo, sin importar la distancia.

Juan Diego no ignora ni olvida que tiene un compromiso con la Señora; al contrario, lo tiene muy presente. Por eso, respetando siempre la cortesía mexica, decide seguir un camino distinto para tratar de evitar un incómodo encuentro con Ella. Su tío estaba agonizando y debía llevarle un sacerdote. Simplemente no podía —no concebía hacerlo— desairarla de ese modo, causarle tal aflicción. «No vaya ser que me vea la noble Señora porque como antes me hará el honor de detenerme para que lleve la señal», se dice. Lo mejor, pues, era evadirla.

Él tiene una idea fija en la mente: llevarle un sacerdote a su tío. El texto utiliza la palabra *motolinia*, la cual normalmente es traducida como «fraile» o «religioso», pero su significado es mucho más profundo.

Cuando, en 1524, arribaron al territorio los famosos doce frailes franciscanos —de los que hablé con anterioridad— decidieron, como signo de humildad, realizar a pie el recorrido entre Veracruz y la ciudad de México. Al pasar por Tlaxcala, los pobladores se impresionaron al verlos. Acostumbrados a los pretenciosos conquistadores, aquellos recién llegados les parecieron una visión.

Contrario a los soldados, que procuraban vestir a todo lujo, estos frailes iban descalzos, portaban harapos y sus cuerpos eran flacos en extremo a causa de la falta de alimento. Los tlaxcaltecas los llamaron *motolinia*, que significa «el que es pobre, el que se aflige», pero no tanto en el sentido de pobreza económica, sino refiriéndose a penas, a calamidades.

Aunque los nativos, a partir de entonces, designarían de este modo a todos los frailes en general, uno de ellos, fray Toribio de Benavente, adoptó la palabra como su segundo nombre y bandera de batalla.

Cortés en persona, junto con un séquito de importantes capitanes e integrantes de la nobleza mexica, incluido Cuauhtémoc, les dio la bienvenida a Tenochtitlan.

El impacto para los nativos fue enorme: los españoles trataron de besarles las manos a aquellos personajes, quienes se negaron a recibir el gesto. Los conquistadores, entonces, se contentaron con besarles el hábito. Ni gloria ni riquezas (porque también rechazaron los regalos que trataron de entregarles). Los mexicas acogieron a los frailes llenos de alegría. Sin embargo, asombrados al ver que incluso los conquistadores más soberbios y poderosos se arrodillaban frente a aquellos diminutos hombres, «descalzos y flacos, y los hábitos rotos, y no llevaron caballos sino a pie, y muy amarillos», como los describe Bernal Díaz, copiaron al pie de la letra el gesto. Por tanto, continúa el cronista, desde entonces «tomaron ejemplo todos los indios, que cuando ahora vienen religiosos les hacen aquellos recibimientos».

Esta peculiar bienvenida por parte de Cortés provocó al menos dos notorios efectos. Por un lado, éste fue el origen de la costumbre —aún vigente en ciertos lugares— de besarles la mano con reverencia a los sacerdotes y obispos.

También dio pie a que, en agradecimiento, Hernán Cortés fuera alabado con exageración en las crónicas franciscanas. No fue casualidad, pues, el que los frailes omitieran el hecho de que el conquistador fuera aficionado al juego y a las mujeres.

La idea —como algunos sugieren— de que Juan Diego pensaba llevarle a su tío al propio Toribio de Benavente resulta imposible. La razón es que, entre 1530 y 1531, Motolinía se encontraba lejos, ayudando a fundar la ciudad de Puebla, tras de lo cual viajó a la zona de Tehuantepec. No había manera de que estuviera ni remotamente cerca de Tlatelolco.

* * *

De regreso al relato, Juan Diego rodeó el cerro para evitar el penoso encuentro. La Virgen, sin embargo, le salió al paso. «¿Qué hay, hijo mío, el más pequeño? ¿A dónde vas?». De nueva cuenta, bajo la más rigurosa etiqueta, Juan Diego la saludó, avergonzado, con una mezcla de inocencia y de ternura: «Niña mía, la más pequeña de mis hijas. Señora, ojalá estés contenta. ¿Cómo has amanecido? ¿Estás bien de salud?». El texto dice: *Notecuiyoé*, «mi señora», *Nopiltzintziné*, «mi hijita adorada».

El eco de las palabras de Juan Diego remiten inevitablemente a la historia mexica. Tanto el padre como la madre solían aconsejar amorosamente a sus hijos. Cuando le hablaban a una mujer, el padre le decía: «Aquí estás, mi hijita, mi muchachita [...]. Como sale la hoja, así creciste, floreciste. Como si hubieras estado dormida y hubieras despertado».

«Como si hubieras estado dormida y hubieras despertado», lo que remite a la idea del colibrí que *vuelve a la vida* tras hibernar.

La madre, por su parte, no escatimaba en sabiduría, pero tampoco en ternura: «No entregues en vano tu cuerpo, mi hijita, mi niña, mi tortolita, mi muchachita. No te entregues a cualquiera, porque si nada más así dejas de ser virgen, si te haces mujer, te pierdes, porque ya nunca irás bajo el amparo de alguien que de verdad te quiera».

Bajo esta óptica, dos aspectos destacan de las palabras de Juan Diego: la ternura paternal y el hecho de que sabe con certeza que se está dirigiendo a una doncella.

Acto seguido, y aún sumido en la congoja, el propio Juan Diego le informó que no podía cumplir con su mandato en ese momento, aunque le prometió que regresaría más tarde. Su tío lo necesitaba. Requería de un sacerdote para ser confesado porque —dice en extraordinario apego a la antigua filosofía mexica— «en verdad para esto hemos nacido: vinimos a esperar el tributo de nuestra muerte».

Entonces la Virgen le dice algunas de las palabras más dulces de toda la literatura universal, y unas de las más llenas de ternura:

«Oye y ten entendido, hijo mío, el más pequeño, que es nada lo que te asusta y aflige. No se turbe tu corazón, no temas esa enfermedad, ni otra enfermedad o angustia. ¿No estoy yo aquí que soy tu Madre? ¿No estás bajo mi sombra? ¿No soy yo tu salud? ¿No estás por ventura en mi regazo? ¿Qué otra cosa necesitas? No te apene ni te inquiete nada más; no te aflija la enfermedad de tu tío, que no morirá ahora de ella: ten la plena seguridad de que ya sanó».

Existe otra interpretación más poética y más bella: «¿No estás en el hueco de mi manto, en el cruce de mis brazos?».

Dos elementos destacan en esta última versión: la «maternidad india», esa costumbre de llevar al bebé en el rebozo, sobre el corazón, «en el hueco del manto»; y el ubicar al hijo en el «cruce de los brazos», como el símbolo del *Nahui Ollin*. Justo ahí, en el principio de la vida.

Ante estas hermosas palabras, no le queda duda alguna. Simplemente no existe lugar para la duda. Juan Diego cree, se deja llevar por la fe. Sabe —porque todo lo que ve y escucha se lo dice— que su tío ha sido sanado y se pone nuevamente bajo las órdenes de la Señora, quien lo envía a la cima del cerrillo con instrucciones precisas y por demás inusitadas: «hallarás que hay diferentes flores; córtalas, júntalas; enseguida baja y tráelas a mi presencia».

Era invierno, era un cerrillo, era una parte árida del valle de México, como puede comprobar quien haya observado la flora actual de aquella zona de la Ciudad de México. «Porque en verdad entonces las heladas son muy fuertes», dice el texto. ¿Encontrar flores en esas condiciones?

Es importante recalcar que en ningún momento se mencionan las famosas rosas de Castilla, de origen europeo. Se habla siempre de *xochitl*, «flores», o a lo mucho de *castillan tlazoxochitl*, «flores preciosas de Castilla», pero como un símbolo de calidad, no como una especie en particular.

Para su sorpresa, Juan Diego las encontró: flores, multitud de flores. «Su perfume era intenso, y el rocío de la noche como que las cuajaba de perlas preciosas». Entonces se puso a cortarlas. Todas ellas eran «variadas, excelentes, maravillosas, todas extendidas, llenas de capullos reventones, siendo que aún no era su temporada» y se las llevó a la Señora. Ella las miró, las tomó entre sus manos y volvió a colocarlas en el regazo de su mensajero. «Esta diversidad de flores es la prueba y señal que llevarás al obispo», le dijo.

La tercera aparición.[31]

Otras indicaciones rigurosas le dio antes de despedirlo: a nadie más que a Zumárraga debería mostrarle aquella señal, y sólo a él le contaría todos los detalles de lo que vio, de lo que escuchó. Y al final, una maravillosa distinción: «Tú eres mi embajador, muy digno de confianza». Ésta fue la cuarta y última aparición.

Los criados del obispo le impidieron el paso. Lo dejaron esperando un largo rato. Él aguardó con paciencia. Al darse cuenta de que llevaba *algo* en su ayate, intentaron mirarlo, arrebatárselo. Lo jalonearon, le pegaron. Temiendo por su integridad física, descubrió un poco su precioso encargo. Los criados se asombraron: tanta variedad de flores, todas ellas abiertas y olorosas. Intentaron tomar algunas pero no lo lograron, porque «cuando iban a cogerlas, ya no veían verdaderas flores, sino que les parecían pintadas o labradas o cosidas en la manta».

Fueron a contarle al obispo lo sucedido y él, entendiendo que se trataba de la señal que había solicitado, lo hizo pasar. Juan Diego le refirió los detalles. «Yo observé que ya estaba en el *¡xochitlalpan!*» (¡la tierra de las flores!, escrito así en el original, entre signos de exclamación). Entonces agregó: «Ella me dijo por qué te las debía de entregar, y así lo hago, para que en ellas veas la señal que pides y cumplas su voluntad, y también para que aparezca la verdad de mi palabra y de mi mensaje. Hélas aquí, recíbelas».

«La verdad de mi palabra», dice. La verdad: *neltiliztli*, que deriva de la palabra *neluayotl*, raíz, el fundamento de las flores y de las cosas. Juan Diego lo recalca: está diciendo la verdad. Pero más allá: la Verdad: Dios.

En ese momento desenvolvió su manta y todas las flores rodaron hasta el piso. Este pasaje resulta relevante.

Expliqué antes que los mexicas, durante sus ciento cincuenta años de peregrinaje, no contaron con ningún tipo de imagen que representara a su dios Huitzilopochtli. En su lugar, y como era común entre los pueblos errantes, poseían un atado (*tlaquimiloli*) o envoltorio, dentro del cual colocaban una serie de objetos que capturaban la esencia divina, como piedras preciosas, puntas de flechas, espinas, etcétera. Todos estos elementos se encontraban íntimamente relacionados con la esencia de su Colibrí zurdo, Huitzilopochtli: las piedras preciosas significaban divinidad; las puntas de flechas se asociaban con la guerra; las espinas estaban vinculadas con el acto de sangrarse a modo de penitencia.

Aunque durante el siglo y medio que se mantuvieron errantes contaron con este «envoltorio», una vez que se asentaron en el islote y fundaron la ciudad de México-Tenochtitlan, comenzaron a fabricar representaciones de este dios con semillas de amaranto.

Sucedió algo similar con la imagen guadalupana: Juan Diego *desenvuelve* su manta; es decir, revela el contenido de su atado. Lo que muestra no son piedras ni flechas ni espinas, porque no se trata de la esencia de

Juan Diego muestra la imagen en su ayate.[32]

Huitzilopochtli, sino de Ometéotl, por eso el contenido son flores: la representación por excelencia de esa Verdad única y primaria. El lenguaje con el que habla y escribe el Dador de la Vida.

Si nos remitimos a la historia, esto quiere decir que el tiempo del peregrinaje ha concluido. Ha llegado el momento de fundar, de comenzar a construir. También ha llegado el final del recorrido para la imagen, pues está en el sitio donde pertenece. El lugar indicado para asentarse.

En el ayate, estampada, se encontraba Ella, la Señora del Tepeyac, la que el indio había visto en la cima del cerrito y por cuyas órdenes se encontraba en presencia de Zumárraga.

El obispo y los demás acompañantes se arrodillaron, sorprendidos. «Mucho la admiraron. Se levantaron, se entristecieron y acongojaron, mostrando que la contemplaron con el corazón y el pensamiento».

«El señor obispo, con lágrimas de tristeza, oró y pidió perdón de no haber puesto en obra su voluntad y su mandato».

«La contemplaron con el corazón y el pensamiento», dice el texto. Es decir, no sólo la miraron con la fe, sino también con la razón. Si había nativos presentes, se arrodillaron al «leer» lo que vieron. En tanto, los españoles, lo hicieron por imitación, por sorpresa, por devoción. Sin embargo, es prácticamente un hecho que ni Zumárraga ni el resto de los españoles entendieron la imagen que estaban presenciando —al menos no en su totalidad— porque no estaba dirigida a ellos. Precisamente porque «no era para ellos», el obispo recibiría además otras pruebas.

Esa noche, Juan Diego Cuauhtlatoatzin durmió en el palacio de Zumárraga. Al día siguiente, el propio obispo le solicitó que le indicara el lugar exacto donde debía construir el templo. Una vez concluido el trámite, Juan Diego pidió permiso para ausentarse, pues deseaba estar al lado de su tío. No lo dejaron ir solo; una comitiva lo acompañó. Encontraron a Juan Bernardino de pie, entero y alegre. Su sobrino le contó las últimas noticias, incluso la manera en que la Señora lo consoló, asegurándole que su tío había sanado.

En este momento, el texto confirma lo dicho por Juan Diego: «Manifestó su tío ser cierto que entonces [la Virgen] le sanó y que la vio del mismo modo que se le apareciera a su sobrino [...]. Le dijo la Señora que, cuando él fuera a ver al obispo, le revelara lo que vio y de qué manera milagrosa le había sanado; y que bien la nombraría, así como bien había de nombrarse su bendita imagen, la siempre Virgen Santa María de Guadalupe».

Dice el texto original: *Iz cenquizca Ichpochtzintl Santa María de Guadalupe:* la perfecta Venerable-Virgen (doncella) Santa María de Guadalupe.

Juan Bernardino recibe dos misiones en particular. La primera, acudir con el obispo para contarle que una Señora se le apareció para sanarlo, con lo cual Zumárraga, quien solicitó una prueba, recibe tres: flores exquisitas recién abiertas durante el tiempo de invierno, una imagen que no logra comprender del todo pero que a los mexicas les basta con mirarla para *entenderla*, y

Nuestra Señora de Guadalupe.[33]

un moribundo sanado, sobre el cual puede dar testimonio el médico que lo atendió y quien diagnosticó que su mal era irremediable.

La enfermedad de Juan Bernardino —comentaba páginas atrás— tal vez se trató de sarampión. Luego de la implacable epidemia de viruela que se desató en México desde la llegada de los españoles hasta aproximadamente 1526, el sarampión se extendió con rapidez desde la Nueva España hasta el Perú entre 1530 y 1531. Los conquistadores lo trajeron de las islas del Caribe. En Cuba, por ejemplo, mató a dos terceras partes de los nativos que aún sobrevivían. En México, esta enfermedad fue bautizada como *tepitonzahuatl*, granos pequeños o pequeña lepra. No fue tan devastadora como la viruela (*hueyzáhuatl* o granos grandes), pero sobre todo la población infantil sucumbió antes sus efectos.

Volviendo al tema, la segunda misión del tío fue anunciar el nombre de la Señora: la siempre Virgen Santa María de Guadalupe, un nombre por demás curioso, porque Guadalupe no es de origen mexica ni español, sino árabe. Al respecto, existen teorías que suponen que la Virgen manifestó otro nombre, en náhuatl, pero que Zumárraga u otros personajes, ante la imposibilidad de pronunciarlo correctamente, lo habrían «españolizado» y deformado.

Algunos autores especulan que el nombre original pudo ser *Coatlallope*, «la que aplasta a la serpiente»; *Tequatlasupe*, «la que aplasta la cabeza de la serpiente»; *Tequantlanopeuh*, «la que tuvo su origen en la cumbre de las peñas». En fin, diversos nombres que no pasan de ser mera especulación.

Sobre la palabra árabe de Guadalupe, el significado más aceptado es «río oculto» (*Wad al luben*). Otros, con la misma validez etimológica, encuentran su origen en una mezcla del árabe (*Wad al*, río de) con el latín (*lupus*, lobo), para formar *Wad al lupus* o «río de lobos». La combinación de lenguas se debería a que en árabe no existía la palabra *lobo*, pues no era un animal propio de aquellas zonas desérticas. Un dato curioso: para los mexicas, el lobo era una representación de Huitzilopochtli. De hecho, se han descubierto ofrendas en el Templo Mayor que contienen huesos de lobo ricamente adornados con objetos elaborados en oro.

Cuando la primera ermita fue concluida, colocaron ahí el ayate «para que toda la gente viera y admirara su bendita imagen. La ciudad entera se conmovió: venía a ver y admirar su devota imagen», narra el *Nican Mopohua*.

Esto es relevante, porque durante una buena cantidad de años el *amoxtli* (códice) guadalupano se encontró sin protección y al alcance de las manos. Quienes acudían a Ella, podían tocarla, pero lo más importante, podían observarla de cerca y con detenimiento; mirar todos sus detalles y, por tanto, *leerla*, *interpretarla*. Ésta era precisamente la finalidad del códice: ser leído; transmitir un mensaje en el lenguaje escrito de los mexicas.

Figura 34. Traslado de la imagen a la primera ermita.[34]

En el *Nican Motecpana* se afirma que, tras la construcción de la ermita, «este pobre indio [Juan Diego] se quedó desde entonces en la bendita casa de la Santa Señora del Cielo, y se daba a barrer el templo, su patio y su entrada».

El hecho de que Juan Diego se dedicara a barrer el templo sin duda era un signo de humildad, pero tenía un significado mucho más profundo y arraigado en la cultura mexica.

Mencioné antes que el franciscano fray Gerónimo de Mendieta describió, en 1600, los hábitos de limpieza de los indios. El acto de barrer, por ejemplo, lejos de ser denigrante, enaltecía a quien lo realizaba.

Uno de los consejos pertenecientes a la *huehuetlatolli* (el habla antigua) dice: «Has de barrer el templo y las casas de religión y las calles y los patios por donde suele pasar dios invisible».

Además, Coatlicue, la madre de Huitzilopochtli, solía barrer el templo a manera de penitencia.

Juan Diego, entonces, al dedicarse a cuidar y a barrer el templo, lo que estaba haciendo era honrar sus raíces, pero también, tratando de ponerse en comunión con Dios. Así lo dice la *huehuetlatolli*: «El devoto se dedica a barrer, a asear, a recoger, lo acepta, se le impone como obligación, se desvela por ello, por dar gusto a Nuestro Señor, se despierta para encargarse, para ocuparse del incensario, de la ofrenda de copal. Así es como se entra a la presencia de Tloque Nahuaque».

* * *

Debemos mencionar algo curioso: la culminación del hecho guadalupano no sucedió en México-Tenochtitlan, sino en México-Tlatelolco, pues allí tenía su residencia Zumárraga. Para entonces, Tlatelolco ya había sido absorbida por Tenochtitlan. Sin embargo, hay que decir que fue también en Tlatelolco donde tuvo lugar la última batalla entre la resistencia mexica y los conquistadores, y fue igualmente en este sitio donde Cuauhtémoc se entregó a sus captores. De ahí que Tlatelolco (que a partir de 1549 se llamará República de Indios de Santiago Tlatelolco) se convirtiera simbólicamente en una especie de Templo Mayor: el punto donde todo terminó y donde todo habrá de volver a comenzar. Principio y fin al mismo tiempo. En este caso, fin y principio a la vez.

Tlatelolco, de hecho, es un lugar muy importante dentro de la historia de México. Por orden de antigüedad, allí sucedió la última batalla entre españoles y mexicas, y fue también donde los españoles tomaron preso a Cuauhtémoc; en ese lugar cayó Tenochtitlan y diez años más tarde culminó el hecho guadalupano. Siglos después, el lugar atestiguó la matanza del 2 de octubre de 1968 y fue uno de los más trágicos escenarios del terremoto de 1985.

Un dato adicional que es de suma importancia: uno de los rastros históricos sobre la existencia de Juan Diego se encuentra precisamente en ese sitio. En el costado norte de la Iglesia de Santiago Tlatelolco puede apreciarse, labrado en piedra, el nombre de «Joan Diego», pero con una característica peculiar: está escrito al revés, como si se leyera en un espejo.

En opinión de la maestra Paola Angélica Sosa Salazar, investigadora del Instituto Nacional de Antropología e Historia, este grabado, que data de 1609, fue realizado a manera de maldición, como se acostumbraba en los siglos XVI y XVII. La razón, explica, es que una parte importante de la orden franciscana tachó a Juan Diego de gran mentiroso.

Esta orden adoptó a Tlatelolco como base de operaciones, pues por tratarse de la primera república de indios, contaba con cierta autonomía, lo cual les brindaba ventajas estratégicas. Los frailes entendieron que si deseaban realizar una óptima labor evangelizadora, debían por fuerza conocer el pasado mexica, así que se propusieron internarse tanto en el pensamiento como en la cosmovisión mexica. Ellos fueron —agregó la maestra Sosa en entrevista exclusiva al autor— los primeros europeos en saber de la importancia originaria y ancestral del cerro del Tepeyac, donde solía venerarse a Chicomecoatl (advocación de Coatlicue, señora-diosa de la tierra).

Por su conocimiento antropológico y su celo católico, la mayoría de los miembros regulares de la orden rechazaba categóricamente la veracidad de las apariciones guadalupanas, pues veían en ellas un engaño cínico por parte de los naturales para perpetuar sus costumbres y ritos, utilizando para ello, ni más ni menos, a la madre de Jesucristo. Por ello —continuó— desde 1531 diversos frailes franciscanos denunciaron el engaño y acusaron al indio Cuauhtlatoa Juan Diego de embustero, al igual que a don Diego de Mendoza Austria y Moctezuma (Iztahuitzin), quien no sólo era hijo del último *huey tlatoani*, Cuauhtémoc, sino también gobernante de Tlatelolco, Xochimilco, Ecatepec, Chalco, Atenco, Chilapa (en el estado de Guerrero) y una parte importante del estado de Hidalgo. Este personaje, desde sus puestos de poder, impulsó de forma decisiva la fe guadalupana.

La «maldición» —finalizó la especialista— habría venido por parte de un grupo de franciscanos conservadores, pues otros miembros de la orden, más formados y mejor informados, jugaron en sentido contrario.

Por otra parte, retomando la idea del fin primero y del inicio o reinicio después, encontramos que se conecta con otro concepto prehispánico: durante la narración, en tres momentos se menciona la idea de «madrugada» o «noche». Al principio («era sábado, muy de *madrugada*»); después, cuando el tío enfermo le pide a Juan Diego que le consiga un sacerdote («por la *noche*, le rogó su tío…»); y en el momento mismo en que el propio Juan Diego sale con rumbo a Tlatelolco («el martes, muy de *madrugada*, se vino Juan Diego de su casa a Tlatilolco»). Esto se debe a la idea del tiempo mexica, según la cual tanto la noche como la madrugada representan algo fundamental, pues son el preludio de un hecho o el inicio/origen de una cosa. Lo que está sucediendo —lo deja en claro el texto— es el comienzo de *algo* que resultará trascendental.

Igualmente, el relato insiste en lo imposible que sería encontrar flores en esa época del año y en ese sitio en particular. Dice: «Y que conste que la cúspide del cerrito para nada es lugar donde se den flores, porque lo que hay en abundancia son riscos, abrojos, gran cantidad de espinas, de nopales, de mezquites, y si algunas hierbezuelas se dan, considerando que era el mes de diciembre, todo lo devora y aniquila el hielo».

Este hallazgo inusitado se convierte en un portento. Los mexicas no necesitan ninguna prueba más porque les basta y les sobra con las flores. Sin embargo, el hecho de que sean, también, la «prueba» para Zumárraga, juega un doble rol: como las flores eran la cortesía natural para los mexicas (semejante a nuestra costumbre de llegar a una casa ajena con un ramo colorido o de regalárselas a quien se encuentra internado en un hospital), estas flores fueron al mismo tiempo una invitación para el obispo, y una manera muy amable y por demás cordial de animar a los españoles a que se acercaran no sólo al conocimiento de Ometéotl, sino a que se maravillaran con el universo mexica; con el mundo prehispánico al que tanto combatían.

Así es: siendo las flores el camino más directo y sencillo para conocer a Dios, las que la Señora del Tepeyac le envía al obispo son una cortesía. Una señal de buena fe; una invitación para que tanto él como los demás se aproximen a lo que condenan. Ella trazó el camino, y es un camino florido.

Para los españoles, en tanto, resultaba absolutamente irrelevante el que Zumárraga hubiese construido una capilla en un cerro. Una capilla que además no pasaba de ser un cuartucho.

Es posible incluso que la sociedad peninsular haya minimizado la imagen a tal grado que la considerara «cosa de indios». Esto explicaría por qué no existen mayores referencias escritas al respecto. Para ellos carecía de trascendencia. No valía la pena enterarse, profundizar, mucho menos dejar testimonios escritos. Pensémoslo en el peor de los escenarios, y también en el más despectivo de ellos: una imagen india que logra que los nativos se conviertan al cristianismo, magnífico, hagámosle un monumento.

Ellos no lo comprendieron, porque no poseían las herramientas para hacerlo; no podían «leerlo» porque no sabían el idioma. Tampoco eran los destinatarios. Incluso fray Juan de Zumárraga pidió pruebas porque así tenía que hacerlo: él ejercía las facultades de inquisidor. Pero el hecho de que no hayan entendido ni hayan encontrado la relevancia ni el significado, es una prueba clara de que la imagen no pudo ser pintada por ningún español (quienes despreciaban y desconocían las culturas que encontraron). Tampoco pudo ser pintada por «indio» alguno, porque apenas habían transcurrido diez años desde la conquista: poco tiempo para compenetrarse a ese grado en la teología europea, muy poco para aliviarse del trauma de la destrucción de su universo, y siglos antes de que existiera el concepto de «inculturación» que tanto la imagen como la narración presumen.

El mensaje guadalupano posee, además, un sentimiento que contrarresta la sensación de vacío; aquella soledad implacable. La conquista despojó a los nativos de todo cuanto tenían y de todo lo que eran. Acudieron a sus dioses y no fueron escuchados; suplicaron auxilio y fueron ignorados. Las palabras de los sabios mexicas reflejan con exactitud y dolor el fondo de su alma: «Dejadnos ya morir, dejadnos ya perecer, porque nuestros dioses han muerto».

Las palabras de la Señora del Tepeyac adquieren entonces un valor especial y una ternura suprema: «¿No estoy yo aquí que soy tu Madre?», lo cual a todas luces implica un amoroso «No están solos».

No se trata de la negación de una creencia ni de la destrucción de un mundo, sino de su perfeccionamiento. Esto podría ser un diálogo.

—Dejadnos ya morir, porque nuestros dioses han muerto.

—¿No estoy yo aquí?

* * *

Sobre el nombre Guadalupe hay que decir algo más: en España existe una advocación homónima, cuyo santuario se localiza en Cáceres y data del siglo XIV. Al parecer, Cortés era devoto de esta imagen. Visualmente no tiene ningún parecido con la mexicana, excepto tal vez por lo moreno de su piel; aquella, sin embargo, por influencia árabe. Algunos investigadores creen que, a causa de una confusión fonética, Zumárraga pudo deformar el nombre original en náhuatl y convertirlo en Guadalupe, pero esto no pasa de ser una hipótesis.

Se conoce, no obstante, otra escultura, derivada de la original, que se localiza en un santuario de Extremadura. Más antigua que la imagen venerada en el Tepeyac, su iconografía a simple vista es similar a la mexicana y algunos fieles la consideran su «madre». Si bien en general son parecidas, la grandeza está en los detalles. La española, bella por ser una obra de arte de valor religioso, es una simple representación de una Virgen morena con el Niño en brazos. El manto azul y estrellado, los rayos por detrás y abajo un ángel que sostiene frente a sus pies (no debajo de ellos, como la mexicana) una luna en cuarto menguante, la vuelven indiscutiblemente semejante.

La diferencia principal es que esta representación no *dice* ni explica prácticamente nada en comparación con la imagen del Tepeyac. Aunque en cierto sentido sí podría considerarse la raíz de la devoción mexicana.

El obispo fray Juan de Zumárraga, perfectamente ubicado en su papel como inquisidor, pidió una prueba tanto de las apariciones como de la veracidad del singular pedido: ese templo sobre el cerro. Para él, las flores no significaban nada en realidad, fuera de la imposibilidad de conseguirlas tan frescas y hermosas en ese lugar y en esa época del año.

Si el obispo hubiese recibido una imagen cien-to por ciento *india*, lo más probable es que la habría arrojado a la hoguera, como hizo con tantos códices mexicas, pues una de sus tareas era lograr que los nativos olvidaran sus creencias antiguas, sin importar que tuviera que destruir templos, quemar códices o derrumbar estatuas. Se trataba de una orden recibida directamente de boca del rey Carlos I, quien deseaba a toda costa terminar con la idolatría.

Así pues, la señal o prueba debía ser políticamente correcta para los españoles. Algo que no escandalizara a esos hombres apenas salidos de la Edad Media e instruidos bajo un tribunal eclesiástico quisquilloso en extremo.

Esto era un dilema. La imagen debía ser tan precisa como para que lograra convencer a Zumárraga y aceptara construir el templo que se le pedía. Sin embargo, esta misma imagen no podía ser demasiado «india» pues el obispo la desecharía. Por otro lado, si hubiese sido demasiado española habría sido ignorada por los mexicas, quienes en efecto ignoraban el resto de las imágenes de la Virgen.

Fue, entonces, un increíble balance: a simple vista, una imagen que los españoles conocían muy bien, que incluso les era entrañable, pero elaborada y enriquecida de tal forma que pudiera ser interpretada por los mexicas.

Lo que el obispo observó fue *algo* suficientemente cristiano. *Algo* que de verdad merecía ese templo. *Algo* que, sin lugar a dudas, no representaba ninguna herejía y, por tanto, no sería destruido. Sin embargo, ese *algo* era, al mismo tiempo, suficientemente «indio» como para que los nativos pudieran leerlo, y más allá: para que los mexicas, y después hombres y mujeres de todo el territorio, acudieran a Ella. A *Ella* en específico, porque no acudían de la misma manera a otros templos en donde también existían representaciones marianas.

Dice Sahagún, no sin enojo: «Vienen ahora a visitar a esta Tonantzin de muy lejos, tan lejos como antes. Esta devoción también es sospechosa, porque en todas partes hay muchas iglesias de Nuestra Señora, y no van a ellas, y vienen de lejanas tierras a esta Tonantzin como antiguamente».

***

¿Por qué los mexicas acudían a verla? Porque les *hablaba* en su lengua. Los recibía de pie, los escuchaba, los consolaba. Era una intermediaria llena de privilegios: se trataba de la madre de Dios, de la madre de Ometéotl. Los mexicas lo entendían. Era una armoniosa composición, un asombroso balance que no pudo ser elaborado ni por los españoles (que destruían y despreciaban las culturas locales) ni por los nativos (humillados, vencidos, injustamente despojados). Una imagen que equilibraba con armonía —como los cantos— y con belleza —como las flores— lo mejor de ambas culturas, lo esencial de dos creencias: el códice guadalupano.

El códice

¡Al fin comprendí mi corazón
escucho el canto veo las flores!

Tú sólo repartes
flores que embriagan
flores preciosas.
Tú eres el cantor.

Nuestras flores del tiempo de lluvia,
fragantes flores,
abren ya sus corolas.
Por allí anda el ave,
parlotea y canta,
viene a conocer la casa de Dios.

Nezahualcóyotl

¿Sólo así he de irme?
¿Como las flores que perecieron?
¿Nada quedará en mi nombre?
¿Nada de mi fama aquí en la tierra?
¡Al menos cantos, al menos flores!

Ayocuan Cuetzpaltzin, *Cantos de Huexotzingo.*[*]

Los cantos, las flores. Siempre los cantos y las flores. El canto, la armonía; las flores, el corazón y el cuerpo de Dios sobre la tierra. Por eso ambos conceptos aparecen con frecuencia en la poesía; en esos intentos por acercarse a la esencia de Ometéotl. En flor y canto: *In xochitl in cuicatl.*

Ahora bien, ¿qué fue lo que los mexicas leyeron o interpretaron en el *amoxtli* (códice) guadalupano?

En realidad fue algo sencillo, no complicado. Tomando en cuenta que su escritura se basaba en imágenes, y que no existía alfabeto ni fonética, debemos tener presente que en un códice todos los elementos significan algo, incluso los colores, las formas y la distribución. Considerando este contexto, resultaría ingenuo creer que la imagen se tratara de un simple «retrato». A todas luces es un mensaje.

No obstante, una de las dificultades que tenemos para entender en su totalidad este *amoxtli* es, como expliqué en la introducción, que no conocemos con absoluta certeza cómo era la sociedad mexica, mucho

* *Cantares mexicanos.* Sección de los Cantares de Huexotzingo Anónimo Edición, paleografía, traducción y notas de Miguel León Portilla México, UNAM, 2011.

menos su mundo, su pasado, su universo. Fray Juan de Torquemada lo confirmó: «Por haberse quemado estos libros, al principio de la conversión (porque entendieron los ministros que los quemaron que eran cosas supersticiosas e idolátricas) no ha quedado, para ahora, muy averiguado todo lo que ellos hicieron». Además, los textos de algunos frailes —de Sahagún, por ejemplo— fueron revisados y recortados por la Inquisición.

Por ésta y varias razones más, la información que poseemos al respecto de los roles de la mujer mexica es escasa. Sucede algo similar con el papel que desempeñaba la madre del *huey tlatoani* o su consorte principal. Estoy convencido de que éste es uno de los enormes huecos que nos impiden profundizar más sobre la interpretación de la imagen guadalupana. Sabemos, no obstante, que las mujeres poseían una doble característica: eran seres terrenales pero también divinos.

La misión suprema de las mujeres era traer seres humanos al mundo. Por eso, cuando una mujer fallecía durante el parto, se le divinizaba de inmediato. La partera le recitaba unas palabras por demás dulces: «Mi más pequeña, mujer águila, niñita, palomita, hijita mía, te has esforzado, has trabajado. Se ha cumplido tu empeño». Y más adelante, el discurso adquiría tintes poéticos, pero también altamente teológicos, desde la perspectiva de los cantos y las flores: «Y ahora despierta, porque es de día, ya amaneció, el cielo enrojece, las golondrinas cantan, las variadas aves gorjean. Levántate, atavíate, conoce, dirígete a la hermosa casa de tu madre, tu padre, el sol. Allí hay alegría, dicha, felicidad. Ve, sigue a tu madre, tu padre, el sol. ¡Que sus hermanas mayores te lleven a Él, ellas, que siempre son felices, dichosas, están contentas!».

En el ámbito familiar, además de las labores de tejido, cocina y limpieza, las mujeres se encargaban de administrar los bienes y de realizar los rituales dentro de la casa. Desde pequeñas se les enseñaba que ellas tendrían la obligación de convertirse en el punto de equilibrio y en el soporte de la familia. Los informantes de Sahagún se lo dijeron con claridad: las mujeres eran «el corazón de su hogar».

Antes de continuar, es necesario advertir que el objeto en donde se encuentra estampada la imagen es un ayate y no una tilma. Los ayates eran tejidos con fibras de maguey y servían para transportar objetos. La tilma, por su parte, se elaboraba con suave algodón y era una especie de capa para hombre. En su libro *Historia antigua de México*, de 1780, el jesuita Francisco Javier Clavijero afirma que los mexicas solían pintar en «telas de pita o del hilo de la palma silvestre que llaman *icxotl*; de esta palma silvestre es el lienzo en que está pintada la celebérrima imagen de N. Sra. de Guadalupe».

Pues bien, al *leer* esta imagen, de 170 centímetros de alto por 104 de ancho aproximadamente (pues no se trata de una pieza con medidas exactas, sino burdamente desiguales), los mexicas se encontraron a una mujer joven. A causa de los retoques que se le han hecho, sus rasgos han perdido dulzura y candor. En realidad es una mujer muy joven y mestiza.

Para cerciorarnos de que se trata de una mujer joven debemos remontarnos al sistema educativo de los mexicas, quienes contaban con dos tipos de escuelas. El primero, el rígido *calmécac*, destinado a los hijos de las clases nobles, de los grandes guerreros y de las clases sacerdotales. El segundo, la escuela a la que asistía la mayor cantidad de estudiantes, el *telpochcalli* o casa de los mancebos, donde se educaba a los jóvenes del pueblo. Existía, además, el *cuicacalli* (la casa del canto), donde se aprendía a cantar y bailar; una especie de centro de educación artística en donde se buscaba la belleza, la verdad.

La finalidad principal de la educación mexica era crear y criar hijos rectos, por lo que la enseñanza era integral; desde hábitos de limpieza, como el baño diario a primera hora y el adquirir la costumbre de barrer, hasta el aprendizaje de oficios y habilidades guerreras.

En el caso de las jóvenes, era en el hogar donde recibían su instrucción. Sus madres les aconsejaban que aprendieran «lo que es de tu oficio»: el uso del telar, cocinar y moler cacao y maíz. Tanto las madres como una especie de inflexibles institutrices se encargaban de estas enseñanzas. Sin distinción de sexo, a los muchachos y a las muchachas rebeldes o flojos se les castigaba con severidad. Se recurría a azotes, a punzarlos hasta sangrar con púas de maguey, e incluso se les asfixiaba con el humo de chiles tostados.

Debemos mencionar que el castigo para las mujeres chismosas, coquetas o con actitudes negativas era, además de los mencionados, obligarlas a barrer la calle de noche. Se trataba de un castigo ejemplar, pues las ponía en evidencia delante de toda la comunidad. Sin embargo, el escarmiento por excelencia para una joven era que le cortaran el cabello.

El cabello largo era muy apreciado. Las mujeres casadas, y en consecuencia sabias, maduras, con conocimiento de su «oficio» y de la vida, solían peinarse con dos trenzas, las cuales se amarraban hacia el frente y daban la impresión de ser dos pequeños cuernos. En tanto, las mujeres jóvenes, solteras, que estaban en proceso de aprender, usaban el cabello suelto. El cabello largo y suelto era la «etiqueta», la carta de presentación de una doncella. Por eso, el que le cortaran el cabello era el peor castigo que una señorita podía recibir.

El cuidado del cabello era extremadamente importante. Debía estar siempre limpio, cepillado y peinado. Usaban el aguacate y la baba de maguey para mantener su brillo, así como las flores de huizache para perfumarlo.

En la siguiente imagen, tomada del Códice Mendocino, podemos apreciar, con el cabello suelto, a una joven barriendo, mientras es reprendida por su madre, quien luce las dos trenzas amarradas sobre la cabeza.

LA CRIANZA DE LOS NIÑOS.[35]

Cuando los parientes de un joven creían que debía casarse para que no fuera a cometer «alguna travesura», el muchacho dejaba la escuela y los familiares le buscaban novia. Es de suponer que una joven con el cabello corto no encontraba marido tan fácilmente.

En la imagen guadalupana observamos a una mujer con el cabello suelto, peinado de raya en medio, lo cual no deja lugar a dudas: se trata de una joven, de una soltera, de una doncella en proceso de aprender «lo propio de su oficio», pero además de una muchacha virtuosa, ejemplar, bien portada.

Esta joven se ubica entre nubes, parada frente al sol, lo que denota su carácter divino: un nuevo sol, se abre paso entre las nubes. Este sol está detrás de Ella, de manera que Ella es su mensajera, la intermediaria. La intercesora entre los hombres y Dios. El sol que se relaciona con lo divino, con la vida, con el *Nahui Ollin*, con Tonatiuh (Nanahuatzin), con Huitzilopochtli, con el águila y con el *huey tlatoani*. Una gama muy amplia de significados.

La mujer está embarazada. El listón oscuro que se alcanza a ver debajo de sus manos así lo indica. Era la manera como las mujeres mexicas anunciaban su embarazo: con un listón oscuro ceñido al cuerpo. Si la Virgen abriera los brazos, veríamos que se trata de una especie de cinturón con el que se fajaban por encima de la zona del vientre, para dejar en libertad el peso del bebé. En 1755, el jesuita Francisco de Florencia, que vio la imagen de cerca, escribió que el listón es de color morado.

El origen de la frase «estar encinta» puede aportarnos más datos al respecto. Durante los siglos pasados, en Europa se acostumbraba que las mujeres utilizaran algún tipo de faja o corsé para ceñirse la cintura. Cuando se embarazaban, dejaban de hacerlo para no lastimar al feto. Estas mujeres se encontraban *incincta*, palabra de origen latino que significa «sin ceñir» o «sin cinturón». Algo similar sucedía con la mujer mexica: por consejo de las parteras, dejaban de apretarse el vientre (incluso se les recomendaba dormir poco, para

N. S. De Guadalupe de México.[36]

no aplastarle la cara al bebé) y, entonces, el listón o cinta era utilizado arriba del abultado vientre. Era una muestra pública de embarazo.

A lo largo de la historia, en numerosas culturas del mundo ha sido común el uso o la ausencia de listones y fajas durante el embarazo. A veces se utilizaban para ayudar con el peso del bebé y se retiraban en las últimas semanas para que la propia gravedad acelerara el parto. En el momento del nacimiento, se aconsejaba que nada sujetara el cuerpo de la mujer, incluso el cabello debía estar suelto, pues así, tanto el cuerpo como el espíritu quedaban libres de ataduras. En la Edad Media, las cintas y fajas eran bendecidas bajo alguna divinidad entre los paganos y encomendadas a algún santo o advocación mariana entre los cristianos. Incluso, desde el siglo XII se venera en Tortosa, España, a Nuestra Señora de la Cinta.

Entre los mexicas, de hecho, el embarazo era algo sumamente especial, por eso se presumía abiertamente y se apreciaba entre toda la comunidad. Sahagún plasmó las hermosísimas palabras que una abuela solía decirle a su nieta, cuando ésta quedaba encinta: «Nieta mía muy amada y preciosa como piedra preciosa, como chalchihuite y zafiro, noble y generosa, ya es cierto ahora que nuestro señor se ha acordado de vos, el cual está en todas partes y hace mercedes a quien quiere, ya está claro que estás preñada, y que nuestro señor os quiere dar fruto de generación, y os quiere poner un joyel y daros una pluma rica. Por ventura lo han merecido vuestros suspiros y vuestras lágrimas [...]. Por ventura esa fue la causa por que se determinó en los cielos y en el infierno, antes del precipicio del mundo, que se os hiciera esa merced».

En cuanto a la posición en que se encuentra la Señora, es también reveladora: está de pie, con las manos juntas y con la cabeza ligeramente inclinada hacia su lado derecho. Para tratar de entender esta pose, es necesario recordar brevemente la rigurosa etiqueta con que los pocos privilegiados que podían hacerlo debían dirigirse al *huey tlatoani*, especialmente a Moctezuma.

Dijimos que a causa de las reformas ordenadas por Tlacaélel, el *huey tlatoani* era considerado un semidiós. Muy pocos podían acercarse a él, nadie podía mirarlo al rostro, mucho menos a los ojos. Quienes contaban con la gracia de poderle hablar, debían hacerlo en voz baja, la mirada clavada al suelo, los pies descalzos y limpios y, antes de comenzar a hablar, tenían que hacer tres pronunciadas reverencias tocando el suelo con la frente, al tiempo que repetían una fórmula ritual de exaltación y cortesía. Cuando se retiraban de su presencia, debían caminar para atrás, pues nadie podía darle la espalda.

Bernal Díaz, al rememorar el primer encuentro que tuvieron los españoles con Moctezuma, dice que ninguno de los acompañantes del *huey tlatoani*, ya fueran Señores o sirvientes, lo miraban al rostro, «excepto aquellos cuatro deudos y sobrinos suyos que lo lleva-

N. S. De Guadalupe de México (detalle).[37]

ban del brazo». Es decir, ninguna persona podía mirarlo a la cara, salvo familiares muy cercanos.

Esta cercanía con algunos miembros de su familia se corrobora en otro pasaje narrado por el propio

Bernal, donde recuerda la primera vez que Cortés fue a visitar a Moctezuma a su palacio. Entonces sucedió algo inusitado: el *tlatoani* salió a recibirlo «a mitad de la sala, muy acompañado de sus sobrinos, porque otros Señores no entraban ni comunicaban a donde él estaba si no era a negocios importantes».

Estas descripciones resultan relevantes porque nos sugieren el porqué de la posición que la Virgen presenta en el manto. La razón por la que se encuentra de pie, con las manos juntas, la cabeza inclinada y la mirada baja, no es debido a una actitud de oración, sino porque se encuentra del lado izquierdo del *huey tlatoani*. La Señora está evitando hacer contacto visual con alguien que está a su derecha, por encima de ella.

Esto se reafirma al observar al «ángel» que está debajo. Él está mirando hacia el lado contrario y tiene la cabeza completamente agachada, porque no podía mirar hacia donde se hallaba el gobernante. Lo tenía prohibido. Por esta razón, si la vemos de frente, la imagen de la Virgen debe colocarse siempre, como en la Basílica, del lado derecho del crucifijo o de cualquier representación de Cristo, y no al mismo nivel, sino ligeramente abajo.

Un dato más: cuando Moctezuma, ese *tlatoani* todopoderoso, sale de su recinto y se dirige a la sala del palacio para recibir a Cortés, muestra humildad, pero, más que nada, se trata de un gesto con el que reconoce la dignidad de su ilustre visitante. Un *tlatoani* jamás lo hacía, pero él lo hizo. Es revelador. Es el mismo caso con la Señora del Tepeyac: Ella, como miembro de la nobleza, sale al encuentro de un *macehual* y lo recibe de pie. Es un gesto muy especial que indica que lo reconoce, le da su lugar. Le devuelve su dignidad.

¿Quién es Ella según lo que muestra la imagen? Sin duda, se trata de un familiar del *tlatoani*. ¿Una esposa, la consorte principal, la madre, la consejera del monarca? ¿Acaso alguien que ostentaba un cargo similar o el cargo mismo de *Cihuacóatl*, es decir, la que —como el mítico Tlacaélel— aconseja, dialoga y es la contraparte de ese poder supremo encarnado en el *huey tlatoani*? Don Miguel de León-Portilla nos informa que a los jefes de familia pertenecientes a la nobleza les era permitido tener varias mujeres, sin embargo, el núcleo familiar se integraba de la manera tradicional: con la mujer que ostentaba el rango de esposa.

Los mexicas supieron su identidad no sólo porque lo *leyeron*, sino porque Ella decidió revelarla en el *Nican Mopohua*.

Ella, al poder acercarse, al estar donde muy pocos podían estar, demuestra su estirpe real, su dignidad y su carácter de gran intercesora. Al poseer la facultad de estar en ese lugar preciso, también la tiene para interceder; se encuentra en el sitio exacto desde donde puede poner en el oído del monarca (porque no podía hablarle en voz alta) las súplicas de quienes a Ella acuden. Lo relevante de la escena que vemos en la imagen no es, por tanto, *Ella*, sino quien está sin estar.

Éste es uno de los mensajes principales del códice: Ella es la intercesora, la que recibe al pueblo de pie. La que introduce, la que presenta. La que está al lado de *Él*.

Hablando de su vestido, lo primero que salta a la vista es su color: rosa, similar al color del amanecer. Es el mismo tono que los mexicas observaban en el cielo durante los primeros instantes del día y que les indicaba que, en las noches, el sol perdía sangre a causa de sus batallas en contra de la luna y las estrellas. De ahí nacía la necesidad de realizar sacrificios y alimentarlo con «agua preciosa». El color de la aurora también les anunciaba el paso de la noche al día, el comienzo de *algo*, como lo subraya el *Nican Mopohua* al especificar en tres ocasiones las palabras noche y madrugada.

El vestido está bordado con diversas clases de flores, tres de ellas muy particulares. Primero, hay ocho flores de ocho pétalos, las cuales son pequeñas. Después se encuentran las más visibles; las que, por su apariencia, son llamadas «flores rostro y corazón», y suman cinco. Bajo el brazo izquierdo, justo debajo del doblez del manto, se localiza una de ellas. Al observarlas al revés, guardan cierto parecido con los rasgos de un rostro humano.

In ixtli in yóllotl es un difrasismo que textualmente significa «rostro y corazón», pero que interpretado hace referencia a la personalidad, a lo que es exclusivo del ser humano.

Los mexicas consideraban que todo hombre, al nacer, carecía de rostro y corazón, en sentido figurado. Era tarea de los padres y maestros moldearlos para que llegaran a ser sabios los rostros y firmes los corazones. Es decir, adquirir una personalidad noble y justa. Esto se lograba mediante la educación y el conocimiento.

Existía otra razón, ésta de carácter histórico: durante sus ciento cincuenta años de peregrinación, desde Aztlán hasta el islote del lago, los mexicas, por ser errantes, carecían de rostro, de identidad. Quienes los veían avanzar se preguntaban quiénes eran, pues nadie los conocía. Incluso, fray Diego Durán recogió este antiguo sentir en una crónica: «Al entrar a Tula, se inquietaron los chichimecas y serranos, se enojaron y mostraron pesadumbre: ¿Qué gente es esta gente? Parece atrevida y desvergonzada, pues se atreve a ocupar nuestros sitios y lugares, sin nuestra licencia y parecer. ¡No es posible que esta sea buena gente!». Cuando se asentaron en el valle de México, de inmediato adquirieron una fama negativa debido a su mal comportamiento. Se les tachó de pendencieros, crueles, ladrones de mujeres y falsos a su palabra.

Por estas razones, conforme construyeron su ciudad y fueron ganando prestigio, se afanaron en cimentar su rostro y su corazón. De hacerlos firmes, inamovibles. No podían permitir más dudas. Se trataba de hacer fama, de ser reconocidos, de echar raíces. En ese afán, se empeñaron en imitar en todo lo que pudieron a los refinados y cultos toltecas. Es curioso subrayar un hecho: cuando los mexicas solicitaron tener un rey, no lo pidieron al poderoso Azcapotzalco, sino al vencido Culhuacán. La diferencia entre ambas ciudades era simbólica: Azcapotzalco tenía el poder, pero Culhuacán era descendiente de toltecas. Acamapichtli, su primer *tlatoani*, fue precisamente un príncipe colhua. Eso era lo que buscaban: conseguir etiqueta, prestigio, nobleza. Así pues, la imagen de la Señora les otorga todo eso y más: también rostro y corazón, identidad en el momento en que más la necesitaban: cuando les había sido arrebatada.

Estas flores son igualmente conocidas como «flores cerro», por su semejanza con el glifo *tépetl*, «cerro» que aparece en diversos códices.

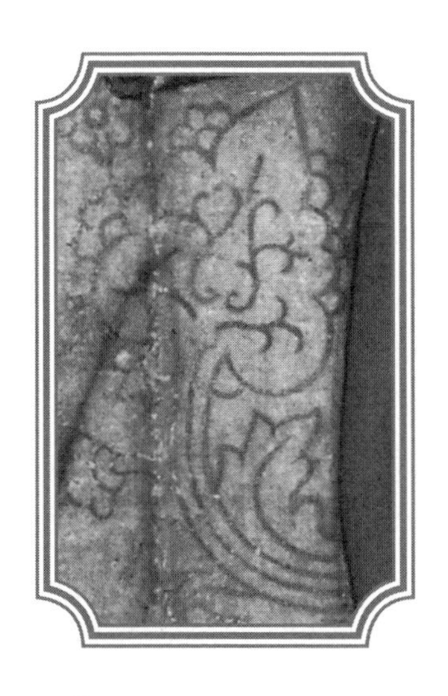

Flores en el manto de la Virgen de Guadalupe.[38]

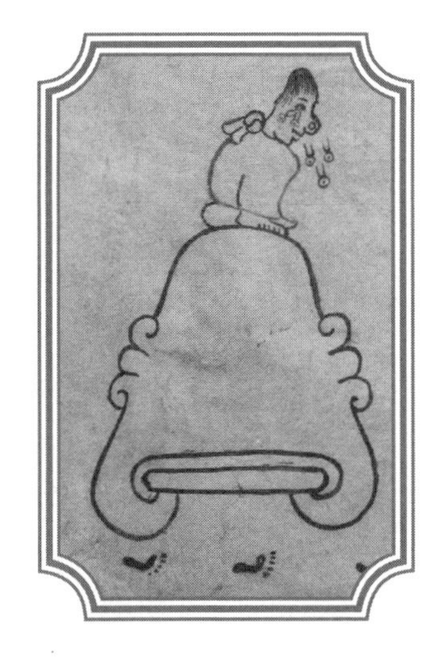

Glifo tépetl (cerro).[39]

Algo digno de notar es la forma como están dibujadas estas mismas flores. Aunque en apariencia son flores comunes y corrientes (observemos la imagen de la izquierda), en realidad guardan un importante secreto.

En los códices mesoamericanos existían algunos símbolos que significaban «olor» o «aroma». Dos de ellos son las vírgulas (rayas delgadas parecidas al signo ortográfico de la coma) y las volutas (adorno en espiral, similar al que se localiza al final del brazo de algunos instrumentos musicales de cuerdas, como el violín). Pues bien, cuando estas formas se encuentran en un códice, significa que el objeto más cercano a ellas despide un olor sumamente agradable. Generalmente se trataba de comida o de flores, que eran ofrendas muy socorridas debido precisamente a su fragancia. Se creía que el aroma suculento era una ofrenda muy efectiva para los dioses, ya que podía seducirlos, influirlos e incluso convencerlos de cumplir con ciertas peticiones.

Pero los *tlacuilos* no solamente solían representar el olor de la comida y de las flores, sino también de algo más. Algo mucho más apetitoso para los dioses: los corazones humanos. Como los corazones son el motor de la sangre, por lógica eran las ofrendas por excelencia. Al ser representados con olor, y específicamente con un olor agradable, se les confería en automático la categoría de «lo precioso», similar a las flores. En este punto convergen los adornos del vestido de la Virgen, los cuales, siendo flores, son también, y al mismo tiempo, corazones. Pero hay algo más.

En el Convento Agustino de Malinalco, en el Estado de México, cuya construcción comenzó en 1540, puede apreciarse un singular mural ubicado en las bóvedas de la planta baja. Según los estudiosos, los indígenas que elaboraron esta pintura, misma que muestra una espesa vegetación, utilizaron precisamente las volutas para dar a entender que de aquel exuberante follaje emanaba un olor exquisito. Lo extraordinario es que los diseños florales que podemos observar en el vestido de la Virgen, son en extremo similares a los que se encuentran plasmados precisamente en los muros de Malinalco:

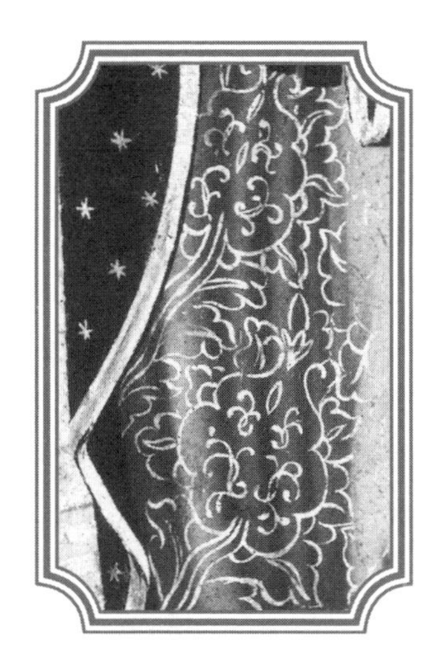

FLORES EN EL MANTO DE LA VIRGEN DE GUADALUPE.[40]

FLORES EN EL CONVENTO DE MALINALCO.[41]

Otros diseños florales «olorosos» se encuentran presentes en diversas iglesias y ex conventos de los siglos XVI y XVII, como el de Santo Domingo de Guzmán, en Oaxaca.

Esto significa, entonces, que los ropajes de la Señora no solamente son preciosos y divinos por contener flores, sino que también son suculentamente fragantes. En efecto, el diseño del vestido significa, literalmente, que esas flores emanan un perfume delicioso, pero también retrata la ofrenda por excelencia del antiguo México: flores y corazones.

Las flores en el vestido son tan importantes que, para destacarse, no siguen la superficie del ropaje. Mientras que el vestido luce plegado en diversos sitios, es decir, con arrugas, las flores se muestran lisas, como sobrepuestas. Esto se debe a que la finalidad de un códice no es retratar algo con fidelidad y detalle, sino simplemente ser legible. Mediante diversos dibujos, formas o glifos, los *tlacuilos* se afanaban en plasmar ideas que pudieran ser interpretadas por un lector instruido. Por ejemplo, mediante algunos colores o códigos cromáticos indicaban sonidos. De hecho, se asegura que los *tlacuilos* experimentados podían plasmar incluso oraciones perfectamente estructuradas que contenían sujeto, verbo y predicado.

Para terminar con el tema, debemos decir que existe una flor que destaca en el vestido por ser la única en su tipo y por ser también la más significativa. Se localiza debajo del listón oscuro. Se trata de una flor de cuatro pétalos que posee la figura exacta del *Nahui Ollin*, Cuatro Movimiento, Quinto Sol o principio de la vida. Al ubicarse sobre el vientre de la mujer embarazada, denota que el bebé que espera es justamente el comienzo de todo cuanto existe, la causa primera, es decir, Ometéotl. Veamos la razón.

NUESTRA SEÑORA DE GUADALUPE (DETALLE).[42]

CENTRO DEL CALENDARIO AZTECA.[43]

Este elemento —al que nos referimos en el primer capítulo de este libro— es el que posee mayor relevancia y es el centro mismo, el equilibrio de toda la imagen. Podríamos decir que desempeña el mismo papel que el Templo Mayor jugó en Tenochtitlan: principio y fin al mismo tiempo de todo lo que existe.

El Nahui Ollin o Quinto Sol es —lo hemos dicho— la figura que se aprecia justo al centro del Calendario Azteca o Piedra del Sol. Ese sol que también representa a Huitzilopochtli y que se asocia con el símbolo del águila y del *huey tlatoani*, de lo divino. Ese sol que denota vida, continuidad, principio de la vida. Al ser el principio, tal vez sea válido hablar de un nuevo sol. ¿El Sexto Sol acaso? El primer sol —recordemos— fue el sol de tierra; el segundo, el sol de viento; el tercero, el sol de lluvia de fuego; el cuarto, el sol de agua y el quinto, el cuatro movimiento o Nahui Ollin.

De ser así, y leyendo la imagen, la pregunta no sería qué sol nacerá ahora. Así es, la pregunta no sería *qué* ni *cuál*, sino *quién*. El nuevo sol es una persona. La imagen así lo anuncia. Su madre así lo está anunciando. Se trata de un nuevo origen y a la vez del mismo; del surgimiento de algo nuevo, pero al mismo tiempo de algo antiguo, de algo que tiene raíces, de algo que tiene arraigo, de algo verdadero. En efecto, la mujer que apreciamos en la imagen es la Madre de Dios, la progenitora de Ometéotl, y lo que está haciendo la Señora, y que es además su función prácticamente exclusiva, es anunciarlo.

Resulta imposible no recordar la leyenda de Huitzilopochtli, el niño sol, y de su madre, Coatlicue.

Dos datos adicionales. El primero: el símbolo del *Nahui Ollin* también se encuentra en el muro externo del recinto o Casa de las águilas, en las ruinas del Templo Mayor. El segundo dato: debajo de la escalinata principal de la Pirámide del Sol, en Teotihuacan, los arqueólogos encontraron un pozo de agua de aproximadamente siete metros de profundidad y, bajo la pirámide misma, una gruta en forma de cuatro pétalos.

Esta gruta es natural y gracias a los estudios se sabe que en ella ya se realizaban rituales ochocientos años antes de la construcción de la Pirámide del sol, la cual inició entre los años 1 y 100 de nuestra era. A partir de este socavón natural, los antiguos constructores tallaron las cuatro cámaras que hoy posee la cueva, y que le dan forma de flor.

No es extraño, entonces, que esta flor de cuatro pétalos se encuentre presente de tantas formas en la ciudad de Teotihuacan, ya sea como adorno, grabado o elemento arquitectónico de primer orden. Es posible incluso que los mexicas hayan adoptado el concepto mismo de la flor de este lugar.

Vayamos más allá: en algunas pinturas murales teotihuacanas se muestra a una deidad femenina que los arqueólogos identifican con una «gran diosa madre». Lo particular del caso es que a esta deidad, que estaría asociada con la tierra, la vida y la muerte, se le representaba encima de una gran cueva con agua y era la patrona del *xochicalli* o casa de la flor, también conocida como temazcal.

El temazcal era el lugar a donde debían acudir, con fines terapéuticos, las mujeres que habían dado a luz recientemente para recibir un baño de vapor y hierbas curativas. Dado que a la matriz se le relacionaba también con una flor, algunos investigadores sostienen que la cueva misma era una representación de la matriz. De tal modo, siguiendo un curso lógico, se desprende que la cueva de cuatro pétalos debajo de la Pirámide del sol posee relación directa con la creación, con el lugar de surgimiento e incluso con el descanso. Por consiguiente, la flor de cuatro pétalos en el vestido de la Señora significa algo más: es también la descripción gráfica de la maternidad como punto de origen y acto sagrado.

La existencia de agua bajo el templo principal era una constante para los pueblos antiguos. El templo central (el *altépetl* o cerro de agua) tomaba su nombre precisamente de esta circunstancia: del hecho de que en ese lugar se encontrara una gruta considerada sagrada o, bien, un manantial. Aztlán, el lugar mítico de donde provenían los mexicas, era una isla. Tenochtitlan misma estaba asentada en un islote. La presencia del pozo de agua bajo la escalinata de la Pirámide del Sol —construida siglos antes que Tenochtitlan— se une a la lista y lo confirma: el templo principal de un centro ceremonial se construía en las cercanías de un manantial. Ejemplos semejantes son el templo de Quetzalcóatl en Teotihuacan y la gran pirámide de Cholula.

Todavía en los primeros años del siglo XX, existían pequeñas lagunas alrededor de la Villa de Guadalupe. Incluso, a unas cuantas cuadras de distancia, en la actual calle Joyas, se encontraba un géiser.

Resulta notable, por tanto, que en el Cerro del Tepeyac se encuentre la Capilla del Pocito: un templo construido en torno a un pozo cuyas aguas se consideran milagrosas.

Esta capilla se levanta en las faldas del cerro y su edificación comenzó en 1777. El pozo es mucho más antiguo, desde luego, y a él acudían los enfermos para beber sus aguas y lavar sus heridas. Debido a esto, el lugar se convirtió en un foco de infecciones, por lo que, para evitar epidemias, se impidió el contacto directo con el líquido. ¿Qué tan antiguo es este manantial? No se sabe con certeza. La tradición simplemente afirma que «brotó» un día.

Tan apreciado ha sido este lugar que, por ejemplo, la última voluntad de José María Morelos, el héroe de la Independencia mexicana, fue rezar en esta capilla antes de ser fusilado en otro sitio no menos simbólico: Ecatepec, en el cerro del viento.

Lo relevante del Pocito es el agua. Al encontrarse en las cercanías de la ermita construida para alojar la imagen, y al ser esta ermita el templo principal del sitio, podemos entonces hablar de un verdadero *altépetl*, en torno del cual se establecería un nuevo sistema territorial, social, político y religioso. El *altépetl*, cerro de agua, hacía la función de montaña sagrada, como el Templo Mayor al representar a Coatepc. En este caso, el Tepeyac mismo era ese monte sacro.

Por su parte, las mangas del vestido o túnica son redondas y holgadas. Permiten distinguir un tipo de tejido muy particular y sin duda inusual. Se trata de un forro afelpado, el cual remite a las descripciones que hizo Hernán Cortés de la ropa de Moctezuma: «ropa de algodón, muy rica y de diversas maneras tejida y labrada, de tal calidad que en todo el mundo no se podría hacer ni tener otra igual de tan diversos y naturales colores y manufacturas».

Debajo del vestido, se asoman las mangas blancas de algún tipo de ropaje interior, igualmente inusual para el pueblo en general, lo que por fuerza nos hace pensar en un sector específico de la sociedad mexica: la clase gobernante.

Las mujeres vestían normalmente una falda larga llamada *cueitl*, y una amplia camisa nombrada *huepilli*. Cada mujer solía fabricar ambas prendas y podía adornarlas según sus gustos y posibilidades. Sin embargo, quienes pertenecían a la nobleza y poseían los recursos para hacerlo, podían encargar la confección de su ropa. En estos casos, sus prendas se elaboraban de suave algodón y se embellecían con hermosos diseños. Es imposible no pensar en la imagen guadalupana.

Del cuello de la Señora cuelga un collar de piedra verde. A ese material que nosotros llamamos jade, los mexicas lo denominaban *chalchihuitl*, y era uno de los más apreciados, siempre asociado con la belleza. Poseía un fuerte simbolismo religioso, político, social y económico. Era un artículo de lujo exclusivo de dioses (en los adornos de las imágenes o como ofrenda), también de nobles y, desde luego, del *huey tlatoani*. El monolito de Coyolxauhqui, por ejemplo, que en sus orígenes estuvo policromado o «coloreado», muestra a la diosa con un adorno de jade en la nariz. Su penacho y su cinturón son del mismo matiz.

Este color representaba la vegetación, la fertilidad, el agua y la vida. Como la Virgen usa un collar de *chalchihuitl* se entiende su carácter noble, real o divino. Incluso los tres al mismo tiempo. Según fray Juan de Torquemada, los mexicas consideraban que fue el propio Quetzalcóatl quien enseñó a sus antepasados el arte de labrar esta piedra. El jade era tan importante que, incluso, al Templo Mayor lo llamaban también *chalchiuhtepetl*, «cerro de jade o de piedras preciosas».

Nuestra Señora de Guadalupe (detalle).[44]

El collar que porta, sin embargo, ostenta un dije con la cruz católica aunque, por su muy conocida forma, indudablemente remite también a la flor de cuatro pétalos, el *Nahui Ollin*, y sus muchos simbolismos de los que hemos venido hablando. Resulta imposible no pensar, por ejemplo, en el Templo Mayor: el punto central desde el cual partía esa gran cruz que dividía a Tenochtitlan en cuatro barrios y que señalaba al mismo tiempo los cuatro rumbos del universo. De hecho, al observarlo con atención, no resulta descabellado pensar que el dije mismo es una representación de la ciudad de México-Tenochtitlan.

En cuanto al manto que le cubre prácticamente todo el cuerpo, comenzando por la cabeza, se trata de un *xiuhtilmatli* (la tilma o capa azul). Su uso era exclusivo de los *tlatoanis* (o *tlatoque*) y simbolizaba algo muy concreto: el máximo poder de los gobernantes.

Nadie más, so pena de muerte, podía utilizarlo. El que Ella porta es azul turquesa (*xiutik*), tono asociado con «lo precioso». El simple hecho de que la Señora lo utilice indica su importancia social; su linaje.

La tilma de turquesa, como algunos la llaman, está además salpicada por 46 estrellas, lo cual refiere forzosamente al firmamento. Ciertos investigadores relacionan el color con el séptimo de los trece cielos de la mitología mexica, el cual era llamado «región azul»; la morada de Huitzilopochtli. Era el lugar donde el sol mostraba su rostro al amanecer.

Este manto, color turquesa, presume un filo dorado a lo largo de toda su confección. Bernal Díaz, cuando habla sobre el primer encuentro que tuvieron con Moctezuma, asegura que el *tlatoani* venía bajo un palio «muy riquísimo a maravilla, y de color de plumas verdes con grandes labores —adornos— de oro».

Existe una evidente similitud entre ambos elementos, que estarían referidos a la realeza.

Algunos estudiosos creen que el manto estrellado pudo estar relacionado con Citlalicue (la que tiene su falda de estrellas): la deidad creadora de las estrellas.

Un dato adicional: al momento de ungir a un nuevo *tlatoani*, se le colocaba el manto real. En la siguiente imagen vemos a Moctezuma II cubierto con su *xiuhtilmatli*, el cual, en el original, es azul turquesa.

Moctezuma II.[45]

Por otro lado, la Señora está parada en medio de una luna en cuarto menguante. Una luna fragmentada, precisamente como la desmembrada diosa de la luna, Coyolxauhqui.

Si recordamos la etimología de la palabra *México*, sabremos que el nombre de nuestro país significa «lugar en el centro de la luna» o «en el ombligo de la luna». Al estar de pie, en medio de la luna, indica que la Señora se encuentra ahí específicamente para alguien en extremo privilegiado: los mexicanos.

Se trata, entonces, de un mensaje con destinatario claro y con remitente preciso. No hay ambigüedades, no hay lugar para las dudas: Ometéotl les habló a los mexicas por medio de la Señora del Tepeyac, aunque después volvió universal el mensaje.

Existe un simbolismo extra: la luna oscura puede hacer alusión al eclipse total de sol ocurrido en 1325, cuando Tenochtitlan fue fundada. En tal caso, el mensaje tendría básicamente el mismo significado: se trataba de un recado —llamémoslo así— para los habitantes de esta gran urbe.

Entre la luna y el vestido, se asoma el pie derecho de la Señora, el cual está calzado con un zapato (*cactli*, que derivó al modismo «cacle»). Para un puñado de investigadores, el hecho de que esté «pisando» la luna (la antagonista del sol, y por ende, la «maldad») significa que la Virgen vence al mal. En lo personal no me convence la teoría. En cambio, considero que lo verdaderamente relevante de la escena es el zapato mismo.

En Tenochtitlan, el calzado, más allá de ser una necesidad, era un símbolo que expresaba la clase social de quien lo portaba.

NUESTRA SEÑORA DE GUADALUPE (DETALLE).[46]

Aunque se conocían desde siglos atrás, la gente en general no utilizaba zapatos en la gran urbe o usaba sandalias fabricadas de caña de petate. Esto se constata al observar los códices. Eran comunes los huaraches (*cactli*). Existe una iconografía de Nezahualpilli, *tlatoani* de Texcoco, donde los porta. Otra clase eran los *potzolcactli*, de uso ritual, confeccionados con piel de zorra. Los había adornados con plumas y pintados de forma artesanal. Los nobles, por su parte, presumían los *cozehuatl*, que eran similares a los *potzolcactli* pero ornamentados con láminas de oro. La diferencia fundamental era que los *cozehuatl* eran una especie de confortables medias botas. Los que porta la Virgen son cerrados, aparentemente de piel, lo cual habla de la elevada clase social a la que Ella pertenece.

La técnica que los mexicas utilizaban para curtir las pieles era muy rudimentaria, por lo que este material se desgastaba con relativa rapidez. Los zapatos de cuero eran costosos y constituían un lujo que no cualquier persona podía darse; sólo los poseían los nobles, quienes los usaban en algunas fechas especiales.

Un dato que es importante recordar: quienes entraban a un templo o al salón donde se encontraba el *huey tlatoani*, debían hacerlo descalzos y con los pies limpios. La Señora, a pesar de estar al lado del mandatario, utiliza zapatos, lo cual significaría una dignidad o un privilegio sumamente especial, superior al de cualquier ser humano.

Se asegura que el zapato es la única porción de toda la imagen que no presenta ningún tipo de coloración artificial, sino que la tonalidad que observamos es la original; el color de la fibra de maguey con que está elaborado el ayate.

El «ángel» a sus pies en realidad no es ángel. Si lo comparamos con la iconografía clásica, veremos que la forma como los pintores representan las alas de los ángeles es completamente diferente. Lejos de tener alas de querubín, redondeadas, este personaje ostenta grandes alas de águila.

No sostiene a la Virgen, no la está cargando. La está mostrando. Es un ideograma que hace referencia a «hablar», «hablar de». En este caso, «hablar como». Se trata, entonces, de un personaje que nos muestra a la noble Señora. Nos está hablando de Ella y al hacerlo, habla como águila. En efecto, se trata del mensajero, del embajador, de Juan Diego Cuauhtlatoatzin.

Las manos de este personaje —podemos verlo en la página 283— se encuentran una (la derecha) en el manto y la otra en el vestido de la Señora. El manto con estrellas representa al firmamento, al cielo, lo celestial, incluso lo espiritual. En tanto, el vestido con flores denota la tierra, el plano físico, lo palpable, lo tangible. El hecho de que este personaje sostenga con una mano el cielo y con otra la tierra, habla de vinculación, de unir lo humano con lo divino. Algo similar a Quetzalcóatl o Nanahuatzin, quienes poseían las dos naturalezas (humana y divina), y también puede interpretarse como uno de los opuestos complementarios mexicas (frío-calor, noche-día; en este caso, lo humano-lo divino).

El manto estrellado es una metáfora del cielo y el vestido con flores lo es de la tierra. De este modo, la Señora significaría la unión, el nuevo balance, el nuevo equilibrio, el final del conflicto entre el sol, la luna y las estrellas (Huitzilopochtli, Coyolxauhqui y los cuatrocientos surianos, los hijos de Coatlicue), lo cual implicaría algo mucho mayor: al existir finalmente armonía, los sacrificios para mantener vivo al sol dejaban de ser necesarios.

Se trataba, sin duda, de una gran noticia: Quetzalcóatl repudiaba los sacrificios humanos; los conquistadores castigaban con la muerte a quienes ofrendaban a los dioses un corazón igualmente humano; los sacerdotes españoles consideraban a los sacrificios actos inspirados por el demonio. Más allá de estos tres escenarios, de estas tres prohibiciones y castigos, la Señora del Tepeyac, de manera simple y armónica, unió las estrellas con las flores, el cielo con la tierra, y forjó así un nuevo balance en el que no existían conflictos en el universo. Dios, Ometéotl —el equilibrio por excelencia, el balance en sí mismo— no necesitaba sacrificios de sangre.

No sin razones, algunos indígenas asociaban a la Virgen de Guadalupe con Coatlicue: aquella que, siendo pura, quedó encinta de forma misteriosa; la que está dispuesta a dar su vida para defender a su hijo; la madre de ese hijo quien, al nacer, se convierte en el sol.

Una creencia popular afirma que las alas de este «ángel» ostentan los tonos de la bandera de México, el verde, el blanco y el rojo. Esto es falso. Basta con observar con atención. Comparado con el manto de la Señora, el color superior de las alas prácticamente es azul, el segundo es más bien amarillo, aunque el inferior es rojo en efecto. Más que a los colores patrios, la coloración remite a la suntuosidad del arte plumario que puede apreciarse, por ejemplo, en el llamado Penacho de Moctezuma. Se llamaban *amantecas* quienes ejercían este exquisito arte; su habilidad era reconocida, su talento, festejado.

Sobra decir que no podrían ser los tonos del lábaro patrio por la simple razón de que nuestra bandera fue creada trescientos años después del hecho guadalupano. El autor oficial de la bandera es Agustín de Iturbide. Fue él quien ondeó por vez primera los tres colores, que eran los mismos del ejército que comandaba, el de las Tres Garantías (llamado así por la Religión, la Independencia y la Unión). Pero Iturbide no fue el autor intelectual. El militar ordenó a un sastre de Iguala de nombre José Magdaleno Ocampo que confeccionara un estandarte que representara a su ejército. Luego de pensarlo mucho, el sastre se decidió por estos tres colores.

El motivo fue porque en la *Divina Comedia*, Dante Alighieri describe a tres mujeres que, en la escena del purgatorio, cantan y bailan enfundadas en vestidos de estos tres matices. En la novela, el verde representa la fe; el blanco, la esperanza; el rojo, la caridad. Iturbide estuvo de acuerdo y lo justificó así: el verde significaba la esperanza en la Independencia; el blanco, la fe en la religión; por último, el rojo era la caridad en la unión. Fe, esperanza y caridad: las tres virtudes teologales.

Ahora bien, sólo para consignar una referencia de sobra conocida, el estandarte guadalupano utilizado por Miguel Hidalgo en 1810 ya muestra al «ángel» con las alas de tres colores. No son pocas las pinturas, mucho más antiguas, que lo retratan de la misma forma.

Hablando sobre los colores que presentan las alas —o mejor dicho, las plumas— de este personaje, existe un curioso pasaje en una de las crónicas de Durán. Cuando Huitzilopochtli habla del lugar en donde encontrarán la señal que les prometió, dice: «Veréis mucha cantidad de plumas, verdes, azules y coloradas, amarillas y blancas, de los galanos pájaros con que esa águila se sustenta».

En la *Crónica mexicáyotl* se narra el momento en que esta señal fue hallada: «Y llegados al sitio vieron cuando erguida el águila sobre el nopal come alegremente desgarrando cosas al comer y así que el águila los vio agachó muy mucho la cabeza, aunque tan sólo de lejos la vieron y su nido todo él de muy variadas plumas preciosas, y vieron, asimismo, esparcidas allí las cabezas de muy variados pájaros».

Estas plumas de colores recuerdan a las plumas coloridas que el «ángel» despliega debajo de la Señora. La alusión a los pájaros es igualmente importante: las aves cantan por naturaleza, y aves con esa clase de plumajes hermosos deben ser, por fuerza, aves finas y con bellos trinos. De este modo, se infiere que en el sitio en el cual debía fundarse México, se escucharon cantos bellísimos, exactamente igual que en el lugar donde la Señora hizo su primera aparición. Se trata de la misma clase de señal que indica un hecho fundacional.

Las plumas rememoran también al ovillo precioso que Coatlicue encontró en Coatepec, gracias al cual, Huitzilopochtli fue engendrado.

Si el águila les señaló a los mexicas el sitio donde debía levantarse la nueva ciudad, y por lo tanto el nuevo templo, esta otra águila, la que habla —Cuauhtlatoatzin— hizo exactamente lo mismo.

* * *

Existen diversas teorías que intentan explicar otros elementos del *amoxtli* guadalupano pero que, a mi juicio, no pasan de ser simples especulaciones, y que omito porque no he hallado su relación directa con la cultura mexica. Lo que resulta notable, sin embargo, es que el manto entero es atravesado por una tosca costura que une las dos mitades del ayate. Esta costura, que no toca ni las manos ni el rostro, lejos de estorbar, es utilizada para brindarle un realce especial a la imagen misma. De hecho, ciertas y severas imperfecciones del ayate sirven para otorgarle mayor prominencia y profundidad a algunas partes de la imagen, como el labio superior, la mejilla izquierda y la sección que se encuentra bajo el ojo derecho.

De igual modo, conocemos una serie de descubrimientos que se han logrado gracias al uso de modernas tecnologías, como la presencia de una docena de personajes en ambos ojos (debido al reflejo de las pupilas) o el hecho de que las estrellas presentes en el manto sean la cabeza de las constelaciones que fueron visibles en el cielo de México durante diciembre de 1531.

En la actualidad contamos con una asombrosa cantidad de información al respecto de la imagen misma. Pero resulta que mucha de esta información, sea a favor o en contra del hecho guadalupano, es contradictoria, sin sustento, pobre o a todas luces falsa. Resulta imposible saber si se le ha dado difusión por ingenuidad o por maldad, pero, sin importar la razón, ni siquiera vale la pena mencionarla. Sin embargo, rescato y doy por bueno un pasaje del libro *El manto de Juan Diego*, y lo hago debido a la identidad de su autor: el padre José Luis Guerrero, uno de los grandes especialistas en el tema.

Afirma el sacerdote que, en 1978, dos personajes se dieron a la tarea de analizar el ayate: Jody Brant Smith, profesor no católico de estética y filosofía de la ciencia, y Philip Serna Callahan, entomólogo católico y experto en pintura de la NASA. Al capturar la imagen con fotografía infrarroja (técnica que se utiliza con las obras de arte más reconocidas en el mundo para poder observar lo que hay debajo de lo visible, como los bocetos, los primeros trazos del autor y las correcciones), descubrieron que el «ángel», la luna, los rayos y las nubes, así como la orilla dorada del manto, presentan un notorio desgaste, por lo que podrían ser fruto de añadiduras humanas. El resto de la imagen, no obstante, se encuentra en tan buen estado que «resulta inexplicable».

Bien. Lo cierto es que, en caso de que estos elementos hayan sido agregados posteriormente, no importaría en absoluto, pues la interpretación de la imagen seguiría siendo esencialmente la misma. Durante una buena cantidad de tiempo, por ejemplo, la Virgen lució una corona sobre la cabeza, la cual fue pintada por alguien anónimamente. Sin embargo, este elemento no alteró la esencia de la imagen y se desgastó por sí solo hasta desaparecer.

En su libro *Zodiaco Mariano*, publicado en 1755, el jesuita Francisco de Florencia describe el códice tal y como lo conocemos ahora: entre nubes, con «ciento veintinueve rayos de oro que nacen de las espaldas de la imagen» y «fundada sobre un ángel [...] que tiene las alas tendidas y de diversos colores». Sobre el manto, detalla: «está todo perfilado con una cinta de oro algo ancha, que sirve de guarnición».

Agrega, no obstante, el elemento que sabemos con certeza que fue añadido y que hoy ya no existe: «Tiene la cabeza devotamente inclinada a la mano derecha, con una corona real, que asienta sobre el manto con puntos de oro». Sin embargo, a diferencia de la corona, el resto de los elementos que podrían ser producto de añadiduras, siguen presentes.

* * *

Lo que los mexicas vieron a simple vista, empero, es lo que verdaderamente importa. Ese códice elaborado especialmente para ellos, *escrito* en su *lenguaje*, para que pudieran interpretarlo y comenzaran a actuar en consecuencia. Además, el mensaje oral: esa amorosa presencia que estaba ahí, esperándolos, y que les otorgaba dignidad, identidad; ese rostro y ese corazón que les había sido pisoteado.

Visto desde un punto de vista más trascendental, el códice funcionaba exactamente de la forma como lo hacía el Templo Mayor. El *huey teocalli* representaba el centro del universo, su esencia misma, así como su plano terrenal y sus dos mundos espirituales, pues en su cima se ubicaba el *Omeyocan*, de su cuerpo partían los cuatro rumbos del universo/cuatro divisiones de la ciudad, y en su parte inferior se simbolizaba el *mictlán* o inframundo.

De igual manera, en el *amoxtli* guadalupano se presentan los tres niveles del universo: en el manto estrellado, el *Omeyocan* o lugar donde vive la dualidad, es decir, Dios; en el vestido florido, el mundo terrenal de los humanos, y en la luna oscura, el inframundo.

* * *

Así como Huitzilopochtli ordenó a los mexicas que levantaran un templo en el lugar donde encontraran su señal divina —aquella águila posada sobre un nopal—, la Señora del Tepeyac expresa exactamente el mismo deseo: que construyan un templo en el sitio donde está su señal: su imagen misma, sus prodigios. Esos cantos y esas flores que anuncian a su hijo, Ometéotl.

Regresamos a nuestro punto de partida: México-Tenochtitlan fue fundada en el sitio donde un águila, posada sobre un nopal, devoraba una serpiente. Esa águila que representa al sol, a Huitzilopochtli, a lo divino, a la victoria y a la derrota de los enemigos. La ciudad se funda con la señal del águila. Allí se erigió el Templo Mayor.

Doscientos años después, la ciudad cayó junto con Cuauhtémoc, el «águila o sol que desciende», el último *huey tlatoani* de Tenochtitlan.

Un águila parada en un nopal —majestuosa, triunfante— abrió el ciclo; un águila que desciende lo cerró. Sin embargo, otro ciclo vuelve a abrirse gracias al águila que habla; gracias a Juan Diego.

Este nuevo ciclo comenzó en el lugar donde brotaron flores, donde se escucharon cantos, en el lugar exacto donde la *palabra nueva* comenzó a echar raíces. Justamente en el sitio donde la Señora pidió que construyeran un nuevo templo.

Tres águilas, tres símbolos, tres tiempos. El águila que simboliza al sol, al triunfo, a lo divino. El sol que simboliza una nueva era. Se trata de metáforas y de poesía, de ciclos que comienzan, que terminan y que vuelven a empezar.

Ciclos, tiempos y soles que señalan otro origen, un nuevo comienzo, otra esperanza, un renacer. Una nueva era. Incluso, como el colibrí, un nuevo paso de la muerte hacia la vida. Es verdad, se trata de un nuevo sol. Del Sexto Sol. Es flor y canto.

Esto no implicó, sin embargo, la extinción de una cultura, como deseaban los españoles; tampoco la conquista de un territorio con su posterior sometimiento, como solían hacerlo los mexicas, sino de un renacer en armonía.

Fue, precisamente eso: flor y canto.

No buscar la muerte de una cultura ni la imposición de otra diferente, sino, simple y sencillamente, lograr el perfeccionamiento de ambas.

Agradecimientos

A *Roberto Díaz*, mi papá, por su apoyo, por su confianza, pero sobre todo por su amor. Siempre por su amor.

A *Yolanda Rueda,* mi esposa, mi amor, mi compañera: la sonrisa que acostumbra florecer bajo mi boca. *¡Ni mitz tlazojta, Metzcihuanton!*

Al padre Andrés Ruiz, quien durante muchos años fungió como párroco de la iglesia de la Asunción de María, en Xalatlaco, Estado de México. Él me transmitió los primeros conocimientos sobre este tema, incluida la traducción del *Nican Mopohua* del náhuatl al español que utilizo en la presente obra.

Bibliografía mínima

Alvarado Tezózomoc, Fernando, *Crónica Mexicáyotl*, Universidad Nacional Autónoma de México, México, 1975.

Benavente, Toribio de (Motolinía), *Historia de los indios de la Nueva España*, Editorial Porrúa, México, 1973.

— *Memoriales o Libro de las cosas de la Nueva España*, Universidad Nacional Autónoma de México, México, 1971.

— *Sacrificios e idolatrías*, Fondo de Cultura Económica, México, 2003.

Bernal, Ignacio. *Tenochtitlan en una isla*. Fondo de Cultura Económica/Secretaría de Educación Pública, México, 1984.

Clavijero, Francisco Javier, *Historia Antigua de México*, Editorial Porrúa, México, 1945.

Cortés, Hernán, *Cartas de relación*, Editorial Porrúa, México, 1970.

Díaz del Castillo, Bernal, *Historia verdadera de la conquista de la Nueva España*, Editorial Aramor, México, 1955.

Durán, Diego, *Historia de las Indias de Nueva España e Islas de Tierra Firme*, Editorial Nacional México, México, 1951.

González-Quintanilla, Fernando, *Los códices mexicanos y su contexto*, Gobierno de Nuevo León, México, 1991.

Guerrero, José Luis, *El manto de Juan Diego*, Limusa Noriega, México, 1990.

— *Los dos mundos de un indio santo*, Ediciones Cimiento, México, 1991.

Lafaye, Jacques. *Los conquistadores*. Siglo XXI Editores. México, 1988.

Lasso de la Vega, Luis, *Huey Tlamahuizoltica*, Carreño e hijos Editores, México, 1962.
Las Casas, Bartolomé de, *Brevísima relación de la destrucción de las Indias*, Fontamara, México, 1984.
— *Del único modo de atraer a todos los pueblos a la verdadera religión*, Fondo de Cultura Económica, México, 1992.
De León-Portilla, Miguel, *Los antiguos mexicanos a través de sus crónicas y cantares*, Fondo de Cultura Económica, México, 1976.
— *Visión de los vencidos*, Universidad Nacional Autónoma de México, México, 1981.
Matos Moctezuma, Eduardo, *El Templo Mayor de México. Crónicas del siglo XVI*. Asociación Nacional de Libreros, México, 1981.
— *Estudios mexicas*. Tomos 1 y 2. El Colegio Nacional, México, 1999.
— *Tenochtitlan*, El Colegio de México y Fondo de Cultura Económica, México, 2011.
— *Vida y muerte en el Templo Mayor*, Fondo de Cultura Económica, México, 1998.
Parry, John H., *Europa y la expansión del mundo 1415-1715*. Fondo de Cultura Económica. México, 1981.
Sahagún, Bernardino de, *Historia general de las cosas de la Nueva España*, Editorial Porrúa, México, 1975.
Torquemada, Juan de, *Monarquía indiana*, Universidad Nacional Autónoma de México, México, 1979.
Zorita, Alfonso de, *Los señores de la Nueva España*. Imprenta Universitaria, México, 1942.

Versiones y traducciones del *Nican Mopohua*

Folletos E.V.C., México, 2009.
Guerrero, José Luis, *Revista Voces*, Universidad Intercontinental, México, 1995. Versión bilingüe náhuatl-español.
Rojas, Mario, Grupo Macehual Guadalupano, México, 2011. Versión bilingüe náhuatl-español.
Velázquez, Primo Feliciano, Buena Prensa, México.

Índice infográfico

1. *La fundación de Tenochtitlán*. Códice Mendoza, lámina I, foja. 2r. 1540. Bodleian Library, Oxford, Inglaterra.
2. *Destrucción del Templo Mayor*. Códice Moctezuma, Siglo XVI. Museo Regional Cuauhnáhuac (Palacio De Cortés), SECRETARÍA DE CULTURA. INAH. MÉXICO.
3. Marquina, Ignacio. *Recreación del templo mayor de Tenochtitlán*. 1951, dibujo publicado en Ignacio Marquina, Arquitectura Prehispánica, INAH SEP. 1964, Pág. 197.
4. De León y Gama, Antonio. *Lámina II: Calendario Azteca*. 1792, litografía publicada en Antonio de León y Gama, *Descripción histórica y cronológica de las dos piedras que con ocasión del nuevo empedrado que se está formando en la plaza principal de México, se hallaron en ella el año de 1790*. México, Imprenta de don Felipe de Zúñiga y Ontiveros, 1792.
5. *La Cruz de Quetzalcóatl en la representación de la ceremonia del Fuego Nuevo*. Códice Borbónico. *Ceremonia del Fuego Nuevo*. Códice Borbónico, Lámina 34. Siglo XVI, Bibliothéque Du Palais Bourbon, Paris, Francia.
6. De León y Gama, Antonio. *Lámina III: Centro del Calendario Azteca*. 1792, litografía publicada en Antonio de León y Gama, *Descripción histórica y cronológica de las dos piedras que con ocasión del nuevo empedrado que se está formando en la plaza principal de méxico, se hallaron en ella el año de 1790*. México, Imprenta de don Felipe de Zúñiga y Ontiveros, 1792.
7. Anónimo. *Nuestra señora de Guadalupe* (detalle). 12 de diciembre de 1531 (según la tradición), óleo sobre tela, Basílica de Guadalupe.

8. *Huitzilopochtli.* Códice Telleriano-Remensis, foja 5 Ca, 1562-1563 Bibliothéque Nationale, Paris, Francia.
9. *Captura de prisioneros.* Códice Mendoza, foja 65r. 1540 Bodleian Library, Oxford, Inglaterra.
10. *Quetzalcóatl.* Códice Borbónico, lámina 34, Siglo XVI Bibliothéque Du Palais Bourbon, Paris, Francia.
11. *Marcha de los españoles hacia Mexico -Tenochtitlan.* Códice Azcatitlan, Lámina XXIII. Siglo XVI Bibliothéque Nationale, Paris, Francia.
12. *Llegada de los españoles.* De Sahagún, Fray Bernardino. *Historia general de las cosas de nueva España (Códice Florentino, lib. XII).* Ca. 1540-1585. Biblioteca Mediceo Laurenziana, Florencia, Italia.
13. *Mensajeros llevan la relación de la llegada de los españoles a Moctezuma.* De Sahagún, Fray Bernardino. *Historia general de las cosas de nueva España (Códice Florentino, lib. XII).* Ca. 1540-1585. Biblioteca Mediceo Laurenziana, Florencia, Italia.
14. *La fundación de la Villa Rica de la Vera Cruz.* González, Miguel y Juan González. *Conquista De México Por Hernán Cortés.* Óleo Sobre Tabla Con Incrustaciones De Concha. Museo De América, Madrid, España
15. López, Jenaro. *La Matanza de Cholula, Lienzo de Tlaxcala, Lámina 9.* 1892, litografía en *Homenaje a Cristóbal Colón, Antigüedades mexicanas publicadas por la junta colombina de México en el cuarto centenario del descubrimiento de América*, México, Oficina Tipográfica de la Secretaría de Fomento, 1892.
16. El Manuscrito del aperreamiento documenta la violenta ejecución de un prominente sacerdote y seis nobles de Cholula, atacados por un perro, oredenada por Hernán Cortés en 1523. *Manuscrito del aperreamiento.* Códice, 1560. Bibliothéque Nationale, Paris, Francia.
17. Anónimo. *Encuentro de Cortés y Moctezuma.* Siglo XVII, Óleo Sobre tela, Jay I. Kislak Collection, Congress Library, Washington, EU
18. Ximeno, Josef. *Cortés determina prender a Moctezuma en su palacio.* 1738, grabado, en Antonio de Solís, *Historia de la con-*

quista de México, población y progresos de la América septentrional, conocida con el nombre de Nueva España. Madrid, Imprenta de A. de Sancha, 1783

19. *Nobleza de México Tenochtitlán, asesinada y descuartizada por los españoles.* Durán, Fray Diego. *Historia de las Indias de la Nueva España e islas de Tierra Firme, (Códice Durán Tomo I, Capítulo LXXV, Lámina 1)*, Siglo XVI, Biblioteca Nacional De España.
20. López, Jenaro. *La Noche triste Aquí fue Sangrado el Capitán, Lienzo de Tlaxcala, Lámina 47.* 1892, litografía, en *Homenaje a Cristóbal Colón, Antigüedades mexicanas publicadas por la junta colombina de México en el cuarto centenario del descubrimiento de América*, México, Oficina Tipográfica de la Secretaría de Fomento, 1892.
21. *Epidemia de viruela de 1520.* De Sahagún, Fray Bernardino. *Historia general de las cosas de nueva España (Códice Florentino, lib. XII, f. 53v).* Ca. 1540-1585, Biblioteca Mediceo Laurenziana, Florencia, Italia.
22. *Bergantín español en el ataque de Mexico-Tenochtitlan.* Códice Azcatitlan, Lámina XXV. Siglo XVI, Bibliothéque Nationale, Paris, Francia.
23. En esta lámina se lee la críptica leyenda "Ycpaliuhque Mexica" ("Con esto o en este tiempo se acabaron los mexicas"). López, Jenaro. *Caída de Tenochtitlán, Lienzo de Tlaxcala, Lámina 48.* 1892, Litografía, en Homenaje a Cristóbal Colón, Antigüedades mexicanas publicadas por la junta colombina de México en el cuarto centenario del descubrimiento de América, México, Oficina Tipográfica de la Secretaría de Fomento, 1892.
24. Anónimo. *Captura de Cuauhtémoc.* Siglo XVII, Óleo Sobre tela. Jay I. Kislak Collection, Congress Library, Washington, EU.
25. *Muerte de Cuauhtémoc. Códice Vaticano, A. F. 90r* . Siglo XVI, Biblioteca Apostólica Vaticana.
26. *El maltrato a los indios. Pintura del Gobernador (códice Osuna).* 1563-1565, Biblioteca Nacional de Madrid, España.

27. Cabrera, Miguel. *El ilustrísimo Sr. D. Fray Juan de Zumárraga.* Siglo XVIII, óleo sobre tela, Museo de la Basílica de Guadalupe.
28. *La primera aparición*. De Arellano, Manuel. *Virgen de Guadalupe* (detalle). 1691, óleo sobre tela, Los Angeles County Museum of Art, EU.
29. Primera página del *Nican Mopohua.* Valeriano, Antonio (atribuido). *Nican Mopohua*. Siglo XVI, manuscrito, The New York Public Library, EU.
30. *La segunda aparición*. De Arellano, Manuel. *Virgen de Guadalupe* (detalle). 1691, óleo sobre tela, Los Angeles County Museum of Art, EU.
31. *La tercera aparición*. De Arellano, Manuel. *Virgen de Guadalupe* (detalle). 1691. óleo sobre tela, Los Angeles County Museum of Art, EU.
32. *Juan Diego muestra la imagen en su ayate*. De Arellano, Manuel. *Virgen de Guadalupe* (detalle). 1691, óleo sobre tela, Los Angeles County Museum of Art, EU.
33. Anónimo. *Nuestra señora de Guadalupe.* 12 de diciembre de 1531 (según la tradición), óleo sobre tela, Basílica de Guadalupe.
34. Cabrera, Miguel. *Representación del traslado de la imagen de la virgen de Guadalupe a la primera ermita y representación del primer milagro.* 1653, óleo sobre tela, Museo de la Basílica de Guadalupe.
35. *La Crianza de los niños*. Códice Mendoza, foja. 60r. 1540. Bodleian Library, Oxford, Inglaterra.
36. Iriarte, Hesiquio. *N. S. De Guadalupe de México. Lo más semejante a su original.* 1885, litografía en *Álbum Guadalupano*, Debray Editores, 1885, México.
37. *Ibíd* (detalle).
38. *Flores en el manto de la virgen de Guadalupe*. Anónimo. *Nuestra señora de Guadalupe* (detalle). 12 de diciembre de 1531 (según la tradición), óleo sobre tela, Basílica de Guadalupe.
39. Glifo *tépetl* (cerro). *Tira de la Peregrinación (Códice Boturini), Lámina 5.* Biblioteca Nacional de Antropología e Historia. Secretaria de Cultura, INAH, México.

40. *Flores en el manto de la virgen de Guadalupe*. De Ribera I Argomanis, José. *Verdadero retrato de Santa María, Virgen de Guadalupe, Patrona principal de Nueva España jurada en México* (detalle). 1778, óleo sobre tela, Museo de la Basílica de Guadalupe.
41. Anónimo. *Murales en el convento de Malinalco.* Ca 1540, pintura mural a la grisalla, Convento Agustino de la Transfiguración y la Iglesia del Divino Salvador Malinalco, Estado de México
42. Anónimo. *Nuestra señora de Guadalupe* (detalle). 12 de diciembre de 1531 (según la tradición), óleo sobre tela, Basílica de Guadalupe.
43. De León y Gama, Antonio. *Lámina III: Centro del Calendario Azteca.* 1792, litografía publicada en Antonio de León y Gama, *Descripción histórica y cronológica de las dos piedras que con ocasión del nuevo empedrado que se está formando en la plaza principal de méxico, se hallaron en ella el año de 1790.*, México, Imprenta de don Felipe de Zúñiga y Ontiveros, 1792.
44. *Flores en el manto de la virgen de Guadalupe.* Anónimo. *Nuestra señora de Guadalupe* (detalle). 12 de diciembre de 1531 (según la tradición), óleo sobre tela, Basílica de Guadalupe.
45. *Moctezuma II.* De Sahagún, Fray Bernardino. *Historia general de las cosas de nueva España (Códice Florentino, lib. XVLII, F. 2v). Ca. 1540-1585. Biblioteca Mediceo Laurenziana, Florencia, Italia.*
46. *Zapato de la virgen de Guadalupe.* Anónimo. *Nuestra señora de Guadalupe* (detalle). 12 de diciembre de 1531 (según la tradición), óleo sobre tela, Basílica de Guadalupe.

Índice

Introducción 17

Los orígenes 25
Los Cinco Soles 40
Huitzilopochtli 51
Ometéotl 62
In xochitl in cuicatl 71
Quetzalcóatl 76
Los conquistadores 83
La llegada 99
Los vencidos 119
La destrucción del Quinto Sol 133
«Dejadnos ya morir...» 165
«¿No estoy yo aquí...?» 193
El códice 253

Agradecimientos 295
Bibliografía mínima 297
Índice infográfico 299